Héloïse Amilcar

Le petit livre des chakras

FIRST
ÉDITIONS

ISBN : 978-2-412-06489-4
Dépôt légal : juin 2021
Imprimé en Italie

Correction : Isaline Picard
Mise en pages : Cipanga

Éditions First, un département d'Édi8
92, avenue de France
75013 Paris - France
Tél. : 01 44 16 09 00
E-mail : firstinfo@efirst.com
Site Internet : www.editionsfirst.fr

Sommaire

Introduction

« Il faut débloquer tes chakras, c'est pour cela que tu es stressé·e ! ».

Vous avez certainement déjà entendu cette phrase prononcée par vos proches sur le ton de la rigolade, et je parie que vous avez dû vous poser trois questions : « Qu'est-ce qu'un chakra, au fait ? », « Comment je les débloque ? » et enfin « S'ils sont bloqués, alors je vais mal ? ». Le mystère qui entoure les chakras fascine toujours autant en Occident car c'est un concept peu familier dans notre société, souvent relégué au rang de croyances spirituelles New Age. En effet, nos chakras font partie d'un système de pensée qui est radicalement à l'opposé du nôtre. Dans la religion hindoue, qui a théorisé l'existence des chakras, nous ne sommes pas uniquement des êtres composés d'os et de chair, mais bien des êtres multidimensionnels habités par une énergie spirituelle ; le but de notre incarnation étant d'atteindre l'illumination, qui traduit le retour à notre véritable nature. Quand nous abandonnons notre ego pour aboutir à un cheminement spirituel, le travail sur nos chakras est l'un des multiples moyens d'y parvenir.

Bienvenue dans l'univers magique des chakras, qui est avant tout un voyage à l'intérieur de soi. J'espère que vous prendrez autant de plaisir à lire ce livre que j'en ai eu à l'écrire.

CHAPITRE 1

QU'EST-CE QUE L'ÉNERGIE ?

« Nous ne sommes pas des êtres humains venus vivre une expérience spirituelle, mais des êtres spirituels venus vivre une expérience humaine. »

Pierre Teilhard de Chardin

L'énergie, dans la spiritualité, fait référence à une croyance largement répandue d'une force ou d'une essence impersonnelle et non physique. Les personnes dites « croyantes » considèrent l'énergie spirituelle comme étant d'un type différent des énergies connues de la science. De fait, les professions basées sur ces croyances sont souvent classées dans la branche des médecines alternatives. Diverses idées relatives à l'énergie spirituelle ont été décrites dans plusieurs cultures du monde. Bien qu'il existe de nombreuses approches différentes, les thérapies énergétiques reposent sur le fait qu'à un niveau originel, tout dans l'Univers est fait d'énergie. De ce point de vue, l'être humain est aussi fondamentalement une entité énergétique. Bien souvent, ces théories sur l'énergie spirituelle ne sont pas validées par une méthode scientifique et sont donc plutôt mises de côté par la science.

LE PRANA

Nous disposons toutes et tous de ce potentiel énergétique dès la naissance, puisque nous sommes composés d'énergie. Ce flux vital — ou énergie, *Chi* dans la culture chinoise ; *prana,* dans la philosophie hindoue — augmente ou diminue selon notre mode de vie, sur un plan physique et émotionnel. Quand nous manquons d'énergie, des failles énergétiques se créent dans notre physique et dérèglent notre corps, ce qui peut engendrer le développement de maladies. Toutes nos fonctions vitales sont régies par l'intelligence de cette énergie qui va mettre en place des processus de guérison quand l'équilibre de notre enveloppe corporelle est défaillant. Cette strate de notre corps astral porte aussi le nom d'aura, de double éthérique ou de champ magnétique. Bien que proche de notre corps physique, elle ne peut être palpable. Le *prana* est utilisé par les personnes qui pratiquent l'acupuncture, les arts martiaux, le shiatsu, la réflexologie et les soins énergétiques.

LES *NADIS* (MÉRIDIENS)

Si le *prana* est en nous, c'est grâce au flux intelligent qui circule dans notre organisme à travers un système ingénieux que l'on appelle *nadis* dans l'ayurvéda – la médecine traditionnelle indienne – ou « méridiens » et qui relie entre eux les différents organes du corps. C'est grâce à cette énergie vitale que l'on peut alimenter nos « *chakras* », qui sont les centres d'énergie de notre corps. En sanskrit, *nadi* signifie littéralement « canal où passe l'eau ». Pour la petite anecdote, sachez que nous possédons tous un réseau d'environ 72 000 *nadis* dans notre corps. Pour mieux visualiser le concept, imaginez que votre corps soit traversé par un réseau d'autoroutes (*nadi*) parcouru par des voitures (*prana*). Évidemment, comme dans la vraie vie, certains canaux peuvent se boucher aux heures de pointe, bloquant ainsi l'échange d'énergie dans le corps.

LES VÉHICULES DE L'ÂME, NOS DIFFÉRENTS TYPES DE CORPS ÉNERGÉTIQUES

Alors que beaucoup d'entre nous se demandent s'il existe réellement une âme, la philosophie yogique compare le corps au véhicule de l'âme sur son chemin vers l'illumination spirituelle. Elle part ainsi du postulat que nous sommes composé·e·s de quatre corps principaux : le corps physique, le corps astral, le corps mental et le corps causal. Analysons les caractéristiques des différents corps ci-dessous.

Le corps physique

De quoi s'agit-il ? Notre peau et tout ce qui se trouve sous la peau : les organes, le cerveau et ce qui est situé entre les oreilles. Il s'agit du squelette, du sang, des veines et des ligaments. Nous savons généralement quand notre corps physique est blessé ou non, en bonne santé ou non, puisque les signes sont visibles et généralement reconnaissables. Notre culture médicale occidentale met beaucoup l'accent sur ce corps, la maîtrise de la douleur ou de l'inconfort.

Ce qu'il représente : notre expérience physique dans le monde, notre physiologie, notre capacité de guérison.

Polarité[1] : masculine.

En équilibre : nous nous sentons ouvert·e·s, flexibles et en bonne santé. Nos vitamines et minéraux sont bien assimilés et nous devrions être exempt·e·s de douleur, de toxicité et d'acidité dans notre corps.

En déséquilibre : le corps vieillit plus rapidement, se détériore plus facilement et perd de son élasticité. La fonction des organes est perturbée, nous ressentons des problèmes d'absorption et d'élimination, mais aussi une sensation de tiraillement, de lourdeur et de stress sur notre ossature.

Quand les limites sont repoussées à l'extrême : l'accent est mis sur la force physique, la beauté et le ralentissement du vieillissement. Survient aussi un doute sur la possibilité de guérison du corps, ainsi qu'une dépendance excessive à l'égard de facteurs extérieurs tels que les médicaments, les chirurgies et les injections pour rapporter l'éclat et la valeur

1. Polarité : différence de propriétés biologiques entre les deux extrémités d'une cellule, d'un organe ou de l'organisme entier. Dans ce cas-là, polarité masculine et féminine. Définition tirée du dictionnaire Larousse.

du corps. Cela correspond à une tendance à rechercher le plaisir de façon immédiate et éphémère.

Comment équilibrer le corps physique ? Par des mouvements simples, des séquences de mouvement répétitives, lentes et équilibrées, ou encore par la méditation, la marche ou les massages. Vous pouvez jouer pieds nus ou mains nues (terre, eau, terre, sable), pratiquer le yoga ou des étirements qui vous permettent de ressentir la force de votre corps.

Le corps astral (ou émotionnel)

De quoi s'agit-il ? Le système nerveux, les hormones, le toucher, la libération d'eau (larmes) et l'absorption d'eau (ballonnements, difficultés à lâcher prise, sentiments de manque et le fait d'essayer de trop s'accrocher/contrôler les choses). La façon dont nous nous portons émotionnellement est représentée par le calme ou l'agitation des pensées qui peuplent notre esprit en journée et les rêves que nous faisons.

Ce qu'il représente : en tant que pont entre le physique et le mental, c'est là que notre expérience du monde est synthétisée et interprétée. Il représente nos sentiments et notre relation à toute chose (c'est-à-dire comment nous interprétons et réagissons face aux situations et aux énergies extérieures, en particulier tout ce qui n'est pas factuel – comme ce que nous ressentons lorsque les personnes nous regardent d'une certaine manière, ou comment nous réagissons à une chose qu'elles pourraient dire, etc.).

Polarité : féminine.

En équilibre : empathiques, ouvert·e·s, honnêtes, sans jugement des autres et généreux envers son entourage. On éprouve un désir de donner sans attendre ni recevoir quelque chose en retour. Le cortisol (l'hormone du stress), l'insuline, les œstrogènes, la progestérone et la testostérone sont plus équilibrés et uniformes, la glycémie est régulée, le cœur bat régulièrement et lentement et la tension artérielle est équilibrée. Le corps ne retient pas l'eau et n'est pas déshydraté.

En déséquilibre : un manque général d'intelligence émotionnelle[2], de confiance, d'intuition ou de capacité à lire et à comprendre l'entourage. Cela se traduit aussi par une grande peur et des névroses, ainsi que par le souci de soi et une baisse d'empathie pour les autres. Ce déséquilibre peut se manifester physiquement par une rétention d'eau dans les membres, les articulations et le visage (en particulier en raison d'un déséquilibre hormonal), une déshydratation ou des ballonnements, une inflexibilité et une raideur articulaire. Le manque de sommeil dû au stress émotionnel présente des

2. Intelligence émotionnelle : c'est une forme d'intelligence permettant d'orienter le cours de nos pensées et de notre comportement en fonction de nos propres émotions.

symptômes similaires. Mentalement, cela se manifeste par le manque de confiance en soi, la projection et la pensée que la vie des autres est meilleure que la nôtre.

Quand les limites sont repoussées à l'extrême : sursaturé·e, passif·ve puis rapidement agressif·ve, obsessionnel·le, irrationnel·le, extrêmement irrité·e, déprimé·e, démesurément anxieux·se, souvent en éprouvant le sentiment de toucher le fond. Cet état peut se manifester par une prise de poids (même pendant un régime alimentaire) et un excès d'eau dans le système ; le corps se comportant comme une éponge. De façon alternative, si l'on fatigue à l'excès son système nerveux, on peut assécher le corps émotionnel, ce qui se manifestera également par un poids insuffisant et un corps déshydraté ou desséché. Le cœur peut sembler lourd et le cycle menstruel peut également être perturbé.

Comment équilibrer le corps émotionnel ? En recourant à tout ce qui libère de l'émotion, de la tension, du stress et de l'anxiété. Selon la personne, la méditation, la danse, un cours de théâtre ou des techniques de respiration seront salutaires. En fin de compte, le corps émotionnel entre en équilibre lorsque nous apprenons à quel point il est important de trouver un équilibre. Le yoga est réparateur tout comme le sauna, la détox légère ou un jeûne (avec soutien surrénalien et hépatique), ainsi que les massages shiatsu. Le pardon et les actes en ce sens sont également fondamentaux.

Apprendre la valeur de l'intelligence émotionnelle, et pas seulement celle de l'intelligence mentale, est essentiel.

Le corps mental

De quoi s'agit-il ? Nos pensées, nos attitudes, nos jugements et nos préjugés, ainsi que la façon dont nous percevons notre valeur et notre place dans le monde.

Ce qu'il représente : tout ce qui est intellectuel, y compris la pensée analytique, la façon dont nous traitons l'information, la façon dont nous apprenons à l'école et utilisons nos mots. Il s'agit également de la concentration, de notre clarté d'esprit et des contributions à la création et à la société. C'est un élément clé pour que les pensées prennent forme dans la matière.

Polarité : masculine.

En équilibre : résolution proactive des problèmes, communication concise, innovations se concrétisant avec clarté et facilité. Capacité à résoudre les problèmes émotionnels ou physiques de manière directe et solidaire. Le gaspillage ou les « bêtises » sont rares.

En déséquilibre : confusion, brouillard cérébral, idées qui se perdent, léthargie, manque de but, névroses, doute, manque d'éthique au travail, sentiment de faible estime de soi et de faible valeur personnelle.

Quand les limites sont repoussées à l'extrême : egocentré·e, excessivement motivé·e, sociopathe, narcissique et dépourvu·e d'empathie, surtout lorsqu'il s'agit de travail ou de succès. De manière moins extrême, la personne aura tendance à se surmener. Cet état se manifeste physiquement par des maux de tête et des douleurs à la mâchoire.

Comment équilibrer le corps mental ? Le Kundalini yoga, des exercices de cardio, la thérapie par la parole, être en contact avec ses émotions et la spiritualité permettent de trouver l'équilibre. La personne qui vit principalement dans le corps mental a tendance à énormément réfléchir, se surmener et ne lâche pas les conflits émotionnels ni ne pardonne facilement ou souvent. Elle a souvent besoin d'une libération mentale, qui provient généralement d'un fort soutien émotionnel ou d'un guide qui pourra l'aider. Il est également possible d'utiliser des mantras de pensée positive.

Le corps causal (ou spirituel)

De quoi s'agit-il ? Connexion à toutes choses, y compris la terre/le Moi, à ce que nous appelons Dieu, l'Univers, l'Au-Delà, le Divin ou le Moi Supérieur. C'est le besoin de se relier à tout ce qui est et de comprendre que nous sommes toujours accompagné·e·s et guidé·e·s sur le chemin.

Ce qu'il représente : l'unité de tous les êtres vivants, y compris l'union entre notre âme, notre expérience de vie et notre destin.

Polarité : féminine.

En équilibre : calme, intrépide, hautement créatif·ve et fonctionne sans limite — il est associé à la force et au soutien nécessaire pour créer une action à partir d'idées. Parallèlement à cela, la personne reconnaît l'existence d'une force plus élevée qui la guide et la protège ainsi de quelque chose de plus grand que sa propre personne. Le corps spirituel représente la synthèse des autres corps.

En déséquilibre : la personne est déconnectée de la compréhension qu'elle ne forme qu'Un avec le Tout, a l'impression qu'elle ne co-crée pas son existence et qu'elle est victime du destin (ou du système de santé, du gouvernement ou des médias) et refuse le plus souvent d'écouter sa voix intérieure. Elle a tendance à mettre l'accent sur l'apparence ou l'apparence des choses, au lieu de se concentrer sur une communication honnête avec le cœur. Elle a aussi une forte propension à contrôler les choses, les relations ou son environnement direct.

Quand les limites sont repoussées à l'extrême : la tête dans les nuages, ne sait pas concrétiser ses idées, un complexe de Dieu, un manque d'unité entre les actions et la parole, un manque de lien avec les contingences matérielles (les relations, la santé, la richesse, le paiement des factures, les dettes etc.).

Comment équilibrer le corps spirituel ? Méditer et prendre du temps pour soi. Travailler sur la respiration. Cultiver la gratitude, l'humilité, la générosité et l'acte de donner. Voir les autres comme l'on se voit véritablement, un être spirituel et régi par l'Amour et agir en conséquence. Il est également essentiel de comprendre que la solution est à l'intérieur de soi et que personne d'autre que soi ne détient les clés de son propre bonheur.

LES DIFFÉRENTS TYPES DE BLOCAGES ÉNERGÉTIQUES

Parfois, quand nous ne sommes plus alignés avec les différentes strates de notre corps, l'énergie peut ne plus circuler librement. C'est alors que survient ce que l'on appelle un blocage énergétique. Ces blocages sont liés aux corps subtils et aux déséquilibres qu'ils peuvent rencontrer lors de la retransmission énergétique entre les différents méridiens. Voici les 9 types de blocages que vous pourrez rencontrer au cours de votre vie.

Blocages auriques

Les blocages énergétiques ont tendance à se produire dans les couches auriques (de l'aura). Ils sont représentés comme des zones localisées d'énergies lentes ou bloquées.

Blocages des chakras

Les chakras sont des structures énergétiques qui font partie de votre corps éthérique. Chaque chakra possède certaines qualités attribuées qui, une fois bloquées, se répercutent sur le bon fonctionnement de votre psyché.

Blocages des méridiens énergétiques

Comme nous l'avons évoqué précédemment, les méridiens fonctionnent comme des petites rivières. Ils laissent passer votre flux énergétique à travers le corps physique et répartissent vos énergies autour de vos corps énergétiques dans votre corps physique. Chaque méridien principal possède certaines qualités qui lui sont attribuées. Ainsi, lorsqu'un blocage se produit, il réduit généralement son bon fonctionnement.

Blocages émotionnels

Comme la plupart des blocages, ceux d'ordre émotionnels peuvent être assez compliqués, et survenir dans plusieurs corps énergétiques différents. Le principal emplacement de ces blocages se trouve au sein de notre corps émotionnel.

Blocages mentaux

Le blocage mental le plus courant se produit dans le corps mental et affecte notre esprit de manière inconsciente (ou notre ego). L'inconscient représente 90 % de nos pensées, sans même que nous nous en rendions compte.

Blocages relationnels

Les blocages associés aux relations (amitiés, relations amoureuses, connaissances, etc.) sont souvent les plus difficiles à débloquer. En effet, ils ont tendance à nous bloquer très profondément, et de différentes manières en raison de leurs nombreux emplacements énergétiques.

Blocages pour manifester nos intentions

Les blocages d'énergie pour réaliser nos buts nous empêchent de fixer des objectifs efficaces, appropriés et réalistes. Les blocages pour manifester nos intentions ont tendance à affecter notre volonté personnelle, notre intuition et notre inconscient.

Blocages d'abondance et de manifestation

Les blocages les plus importants qui entravent la loi de l'abondance[3] et de la manifestation sont les pensées parasites. Si nous sommes nos pensées, et donc co-créateurs de notre environnement direct, il convient de garder à l'esprit que nos pensées négatives peuvent nous bloquer. Ces pensées négatives sont souvent des schémas générés par notre inconscient, créés sur la base des expériences passées qui n'ont pas été positives pour nous garder en sécurité.

Blocages des vies antérieures

Les blocages des vies antérieures ne sont pas créés dans cette réalité, mais à partir d'actions dans nos vies passées. Ce sont généralement des blocages spirituels qui peuvent inclure des contrats d'âme (un pacte passé entre deux âmes avant d'entrer dans le cycle des réincarnations), des liens familiaux et des souvenirs d'une vie en particulier.

---

3. Loi de l'abondance : elle fait partie des différentes lois de l'Univers, qui appartiennent à une série de lois axées sur les croyances en la pensée positive. L'abondance fait référence à la prospérité, à la richesse et au bien-être. Selon la Loi de l'Abondance, il est possible d'attirer le succès à nous par le biais de notre pensée.

CHAPITRE 2

POURQUOI TRAVAILLER AVEC LES CHAKRAS ?

« Mon âme salue ton âme.
En toi, je salue cet espace où réside
l'univers entier. En toi, je salue
la lumière, la beauté, la paix, parce que
ces choses se trouvent ainsi en moi.
Parce que nous partageons ces attributs,
nous sommes reliés, nous sommes
semblables, nous ne sommes qu'un. »

TRADUCTION DE LA SIGNIFICATION
DE LA PRIÈRE « NAMASTÉ ».

STRUCTURE ET FONCTIONS D'UN CHAKRA

Les chakras sont les centres énergétiques répartis sur l'ensemble de notre corps. « *Chakra* » est un terme sanskrit qui signifie « roue » ou « disque », et est dérivé du mot racine en sanskrit « *cakra* ». Le concept plonge ses racines dans les premières traditions de l'hindouisme. Les premiers textes sanskrits en parlent à la fois comme des visualisations méditatives combinant des fleurs de lotus appelées « *padma* » et des mantras (un mot ou un son sacré), une lettre de l'alphabet sanskrit sur les pétales ou un symbole avec une signification particulière. Les chakras sont nos points vitaux et représentent les centres énergétiques de notre corps. Leur tâche est d'absorber notre énergie vitale et de la redistribuer. Lorsqu'un chakra ne fonctionne pas correctement, ou qu'il est bloqué, nous devenons plus susceptibles de tomber malades. C'est pourquoi il est important de pouvoir éliminer toute sorte d'énergie bloquante et stagnante dans nos corps, de façon physique et émotionnelle, pour contribuer à renforcer notre bien-être.

Parmi la centaine de chakras qui existent dans notre corps, il en existe 7 principaux partant de la base de la colonne vertébrale pour finir au sommet du crâne. Leur fonction principale est d'absorber l'énergie universelle/vitale, de la métaboliser et de nourrir l'être humain pour qu'il rayonne. Plus simplement, on peut dire que les chakras sont des centres énergétiques dont dépendent différentes fonctions, non seulement du corps physique, mais aussi de la psyché et des corps subtils (notion abordée dans le premier chapitre).

Puisque nos chakras ont pour mission de recevoir l'énergie et de la redistribuer à travers les *nadis* (nos canaux énergétiques ou « méridiens »), notre objectif sera donc de toujours maintenir leur bonne ouverture et leur équilibre. L'énergie doit pouvoir circuler en douceur sans blocage d'énergie (chakras fermés) ni en étant en surcharge d'énergie (chakras trop ouverts) ; ces deux situations risquant d'entraîner un inconfort mental et physique. Étant donné que les chakras sont connectés aux centres nerveux et aux glandes endocriniennes, le blocage des chakras peut provoquer un état de crise interne et d'inconfort psychique et physique, ainsi que l'apparition de pathologies liées aux organes connectés à ces glandes. Lorsqu'un chakra est éveillé puis ouvert, nous atteignons une plus grande conscience de nous-même et un développement de bienfaits psychiques et physiques spécifiques. De plus, l'influence des chakras est forte les uns sur les autres, notamment en ce qui concerne les chakras proches entre eux. Cela signifie que l'ouverture ou la fermeture d'un chakra peut également avoir un effet positif ou négatif sur les chakras adjacents.

LE CHAKRA RACINE

« Peut-être que tu cherches parmi les branches
ce qui n'apparaît que dans les racines. »

RUMI, POÈTE MYSTIQUE PERSAN.

Ressources matérielles et besoin d'appartenance.
JE SUIS.
Représente nos fondations et le sentiment d'ancrage.

Symbolisme

Le chakra racine est le premier chakra, il représente notre force vitale et est le siège de la *Kundalini*. Cette dernière représente, chez les Indiens, l'énergie vitale qui part de la colonne vertébrale et s'entoure autour de celle-ci jusqu'à la nuque. Elle est représentée par un serpent. Quand le chakra racine est stable, nous sommes connectés à la Terre, nos racines, nos origines ou encore à la vie matérielle, tout simplement appelée incarnation. C'est celui qui nous stabilise et nous permet de garder les pieds sur terre. C'est une force primaire qui régit nos instincts et notre corps. Le chakra racine est donc le sentiment de survie qui nous anime et notre volonté de faire perdurer l'espèce humaine. Voilà pourquoi il régit les besoins physiologiques fondamentaux. Il est toutefois déréglé quand nous passons dans les extrêmes et nous confortons dans une quête incessante de besoins matériels finalement dépourvus de sens. La véritable sécurité est celle qui se trouve en nous.

Nom sanskrit : Muladhara ou « fondation ».

Âge de résonance : de la conception à 7 ans.

Location : à la base de la colonne vertébrale, dans la région du coccyx, et entre l'anus et les organes génitaux.

Associations physiques : anus, côlon, os, squelette, jambes, pieds, vaisseaux sanguins, système immunitaire, glandes endocrines surrénales.

Mots-clés : énergie, enracinement, incarnation, acceptation, survie, intention, sécurité.

Fonction sensorielle : sens olfactif.

Couleur : rouge feu et rouge écarlate.

Minéraux : agate rouge, héliotrope, hématite, jaspe rouge, rubis, obsidienne, tourmaline noire, onyx noir.

Huiles essentielles associées : ajowan, baie de Saint-Thomas, cannelle, crithme marine, cumin, girofle, origan, poivre noir, sarriette des montagnes, serpolet, tamala, tea tree, thym, achillée millefeuille, angélique, basilic saint, bois de santal, camomille, carotte, céleri, galbanum, gingembre, noix de muscade, patchouli, valériane, vétiver.

Élément : terre.

Animal associé : éléphant.

Plante : sauge.

Métal : plomb.

Note musicale : do.

Type de musique : percussions, tambour.

Entité angélique associée : l'Archange Michel, le chef des armées célestes.

Aspect du système solaire : Saturne, la planète du temps.

Association astrologique : le Capricorne et le Verseau.

Mantra : Lam.

Divinité liée au chakra : Dakini Shakti.

Besoin primordial : certitude.

Le chakra en harmonie : personnes bien ancrées sur terre, courageuses, passionnées, ambitieuses, volontaires, exigeantes, audacieuses et décidées, pleines de joie de vivre, aimant prendre des initiatives et ne craignant pas les conflits. Elles sont généralement dotées de capacités de leader, sont chaleureuses, extraverties, libérées de leurs peurs et savent affronter la vie et ses épreuves.

Qualités à développer pour harmoniser : lâcher-prise, foi, tolérance, douceur, esprit d'équipe, amour, flexibilité, capacité d'adaptation.

Dysfonctionnement du chakra : opinion superficielle, obstination, orgueil, auto-jugement, perfectionnisme, avarice, vanité, manque d'ouverture d'esprit, attachement exacerbé pour les normes, règles ou structures, l'organisation et la planification, goût pour les secrets, superstition, méfiance, manque de confiance en soi, colère, jalousie, agressivité, rancune, fatigue mentale, apathie, hypertension ou hypotension, indifférence, sentiment d'incapacité, fuite. D'un point de vue de la santé, il peut causer des problèmes d'anxiété, des comportements de troubles alimentaires ou bien des crises de panique.

Événements qui peuvent le perturber : humiliation, honte, abus de pouvoir, abus sexuel.

Peurs : peur du changement, peur de manquer.

Association au Tarot : l'Empereur

L'Empereur est le 4e Arcane Majeur[1] du Tarot de Marseille. En tant que figure paternelle du Tarot, il pourvoira aux besoins de sa famille, protégera et défendra ses proches. Il pourra être le soutien de famille ou le « roc » pour ceux qui comptent sur sa stabilité et sa sécurité. De même, la carte représente un leader puissant qui exige le respect et l'autorité. Le statut, le pouvoir et la reconnaissance sont essentiels pour l'Empereur. Il a une vision claire de ce qu'il veut créer. Il sait écouter les conseils des autres, mais il préfère avoir le dernier mot. Il ne craint pas le conflit et n'hésitera pas à utiliser son pouvoir pour protéger ceux qui lui sont chers. Il revendique son autorité et ne laisse pas les autres le rabaisser.

Associations signes astrologiques : Capricorne et Verseau

Le Capricorne est le signe qui représente le temps et la responsabilité, maîtrisé par la planète Saturne. Ces individus sont très indépendants et possèdent une excellente maîtrise d'eux-mêmes. Leur plus grand atout réside dans leur capacité de montrer la voie, de dresser des plans solides et réalistes pour gérer à tout moment les événements imprévus.

1. Arcanes majeurs : ce sont les 21 premières cartes du jeu de divination, le Tarot de Marseille.

Le Verseau était autrefois gouverné par Saturne, la planète de la discipline, représentant la tradition, l'ordre, la structure et le statu quo. C'est aussi le souverain moderne du Capricorne, qui valorise toutes ces choses, tandis que le Verseau résiste et essaie de s'en libérer. Le Verseau est le rebelle, le révolutionnaire. Ce signe est le plus susceptible de remettre en question la tradition et de demander : « Pourquoi ? À quoi ça sert ? » afin de créer quelque chose de nouveau.

Association planétaire : Saturne

En astrologie, la planète Saturne est associée aux restrictions, aux règles et aux limitations. Saturne apporte structure et signification à notre monde. Elle connaît les limites du temps et de la matière pour nous rappeler nos responsabilités et nos engagements afin de fournir une ligne de conduite à nos vies. Saturne est régulièrement associée aux figures d'autorité qui ne sont pas toujours agréables mais qui nous aident à comprendre le monde qui nous entoure.

Associations alimentaires

Voici les aliments naturellement associés au chakra racine :

- **Les aliments riches en protéines :** ils vous aident à vous ancrer et vous fournissent une force physique favorable pour stimuler votre force émotionnelle. Voici quelques exemples de protéines végétales intéressantes d'un point de vue nutritionnel : les haricots, le tofu, les petits pois, les épinards et les amandes.
- **Les aliments rouges :** ils influencent automatiquement votre chakra racine en raison de son association avec la couleur rouge. En prime, ces aliments sont riches en vitamine C. Pensez aux fraises, cerises, tomates et poivrons rouges.
- **Les légumes racines :** les betteraves, l'ail et les pommes de terre. Ce lien avec la terre signifie qu'ils peuvent également aider à rééquilibrer un chakra mal aligné.

Association numérologique : 1

En numérologie, le chiffre 1 est synonyme de commencement, de création, d'ambition. C'est le premier chiffre dans la suite numérologique, c'est celui qui impulse l'énergie de créativité et de décision. Le 1 donne un pouvoir de réalisation et d'ambition accru pour pouvoir mettre en œuvre les actions voulues. Il agit de manière forte et indépendante et ne craint pas d'assumer ses échecs s'il en rencontre. L'énergie du 1 offre une motivation sans faille pour atteindre tous les buts possibles et imaginables. Le 1 ne tient pas compte de l'opinion des autres, il peut se montrer colérique, têtu et irascible s'il n'obtient pas ce qu'il veut. Le chiffre 1 est autodéterminé et auto-suffisant. Il s'occupe de ses affaires, poursuit ses objectifs. Il peut coexister avec d'autres, mais il est plus à l'aise en solitaire. Il n'a aucune exigence de compagnie ou de partenariat.

Affirmations liées au chakra racine

- Où que je sois, je suis en sécurité.
- Je suis stable, ancré·e et détendu·e dans ce moment présent.
- Tous mes besoins de sécurité seront toujours satisfaits.
- J'ai un corps sain, un esprit sain et une vie pleinement satisfaisante.
- Je suis ancré·e à la terre et soutenu·e par l'Univers.
- L'Univers me soutiendra toujours et me montrera le chemin à suivre.
- Je mérite et je reçois du soutien à chaque fois que j'en ai besoin.
- L'Univers pourvoira toujours à mes besoins.

- Je sens mon chakra racine s'ouvrir et je me sens me stabiliser.
- Je suis en sécurité et heureux·se à l'intérieur de moi-même.

Méditation

- Asseyez-vous dans un endroit confortable et calme où vous ne serez pas dérangé ;
- Gardez votre colonne vertébrale droite et vos membres détendus ;
- Prenez dix respirations lentes et profondes ;
- Portez votre attention sur l'emplacement du chakra racine, juste en dessous de votre coccyx. Notez toute crispation dans cette zone ;
- Étant donné que l'élément du chakra racine est rouge, essayez d'imaginer une lueur rouge à la base de votre colonne vertébrale. Cette lueur augmentera lentement, rendant toute la zone chaude et détendue. Profitez de cette sensation pendant 3 à 5 minutes ;
- Ouvrez lentement les yeux. Asseyez-vous quelques minutes avant de continuer votre journée.

Positions de yoga liées au chakra racine

- La posture du chien tête en bas.
- La posture de la flexion en avant debout .
- La posture du triangle.
- La posture de la chaise.

Archétypes[2]

Positif
La Mère

Ces personnes possèdent des caractéristiques nourricières, positives et optimistes. Elles encouragent, supportent et reconnaissent de façon inconditionnelle notre être par leur amour. Leur foi inébranlable dans le fait que la vie sera positive leur fait supporter les mauvais moments, en conservant toujours cet espoir que tout ira mieux.

Négatif
La Victime

En raison de circonstances externes, cet archétype est incapable de progresser dans la vie. La victime vit grâce

2. Archétype : chez C. G. Jung, structure universelle issue de l'inconscient collectif qui apparaît dans les mythes, les contes et toutes les productions imaginaires du sujet sain, névrosé ou psychotique. Définition tirée du dictionnaire Larousse.

à la générosité des autres et a peu de chances de pouvoir avancer tant qu'elle est dépendante d'eux pour vivre. Elle se complaît dans son invalidité – réelle ou imaginaire – et est totalement détachée de la vie matérielle.

Test : votre chakra racine est-il déséquilibré ?

Répondez par oui ou non.

- Vous sentez-vous perdu·e et dans l'impossibilité de vous connecter aux autres ?
- Êtes-vous dans l'indécision permanente et manquez-vous de vitalité ?
- Rencontrez-vous des difficultés à gérer votre emploi, vos relations personnelles et vos finances ?
- Vous sentez-vous fatigué·e la plupart du temps ?
- Vos habitudes alimentaires ont-elles changé, entraînant une perte ou un prise de poids ?
- Souffrez-vous d'arthrite dans les jambes ou ressentez-vous des douleurs dans les jambes ?
- Éprouvez-vous une peur du changement ?
- Expérimentez-vous régulièrement la peur de manquer au niveau matériel ?

- Ressentez-vous des regrets par rapport à la vie que vous vous êtes créée ?
- Avez-vous des douleurs lombaires constantes et/ou fréquentes ?

Résultats :

- **5 « oui » ou plus :** attention, votre chakra racine est déséquilibré. Vous devez prendre des mesures quotidiennes pour apprendre à l'équilibrer grâce aux exercices précédents. Vous allez y arriver.
- **3 ou 4 « oui » :** vous avez encore peu de compréhension de la puissance de votre chakra racine et devez mettre en œuvre les exercices proposés quotidiennement pour le rééquilibrer. Encore un petit effort, vous y êtes presque.
- **2 « oui » :** votre chakra racine est presque en équilibre, c'est une bonne nouvelle. Vous utilisez actuellement une partie de la force qui lui est attribuée, mais vous devez encore réaliser quelques ajustements pour l'équilibrer complètement. Vous êtes sur le bon chemin.
- **0 ou 1 « oui » :** vous avez une grande compréhension de votre chakra racine et il est probablement en équilibre. Super, continuez ainsi !

Conseils pratiques pour débloquer son chakra racine

- **Imaginez un lieu idyllique, ou en tout cas dans lequel vous vous sentez en sécurité et à l'aise.** Dès que vous sentez que votre stabilité vacille, retournez mentalement dans ce paysage intérieur.
- **Regardez une image qui vous apporte du bonheur, tout simplement.** Une plage de sable blanc ? Un tableau qui vous transporte ? Imprégnez-vous d'images mentales apaisantes pour vous aider à conserver votre paix intérieure.
- **Prenez une douche relaxante et apaisante.** L'eau est un puissant moyen de nettoyer l'énergie stagnante et bloquée. Vous pouvez également prendre un bain purifiant en y ajoutant des sels minéraux tels que le sel rose de l'Himalaya ou les sels d'Epsom.
- **Explorez la cause de vos peurs.** Les peurs proviennent de vos croyances intérieures, de vos rancunes et de votre douleur non résolue. Prenez le temps de réfléchir à la racine de vos peurs dans un *bullet journal*, d'en parler avec un·e ami·e, un·e partenaire ou un·e thérapeute de confiance.

LE CHAKRA SACRÉ

« Socrate a appris à danser à l'âge de soixante-dix ans car il a senti qu'une part importante de son être avait été négligée. »

ANONYME

Plaisir et créativité.

JE RESSENS.

Représente notre habilité à accepter les autres, les nouvelles expériences.

Symbolisme

Le chakra sacré est le deuxième chakra, c'est le centre de nos émotions et ressentis, ainsi que le réceptacle de notre plaisir. C'est l'expression du soi, de la créativité et de la joie. Grâce à lui, nous nous ouvrons au monde et nous nous mettons en relation aux autres et avec le monde physique. Sa force de création vitale régit nos instincts, la maternité, la fertilité, la sexualité et toutes les expressions physiques de nos désirs les plus enfouis. Une fois la stabilité trouvée à la suite d'un travail sur le chakra racine, il nous demande tout simplement de lâcher prise. Pour une bonne croissance spirituelle, il est important de s'abandonner à la joie, au plaisir et à la vie tout simplement. Toutefois, quand on se laisse trop aller à ses instincts, il se dérègle, et nous sommes alors en proie à nos besoins physiques. Nous expérimentons ainsi colère et frustration qui mènent à la dépendance affective et aux addictions.

Nom sanskrit : Svadhisthana ou « ma douce demeure ».

Âge de résonance : de 7 à 14 ans.

Location : organes sexuels, vessie, utérus chez les femmes, prostate chez les hommes.

Associations physiques : colonne vertébrale, rectum, jambes, bras et système circulatoire, reins, glandes surrénales, organes génitaux internes et externes, appareil uro-génital, vessie, sacrum, vertèbres lombaires.

Mots-clés : expression des émotions, créativité, fécondité, instinct, sexualité, association, couple, convivialité, honnêteté, esprit d'équipe, plaisir.

Fonction sensorielle : sens gustatif.

Couleur : orange.

Minéraux : cornaline, citrine et ambre orangés, opale de feu, calcite orange, topaze impériale.

Huiles essentielles associées : amyris, benjoin, bergamote, bois de santal, bois de Siam, ciste, copaïba, gingembre, jasmin, mandarine, néroli, orange, petit grain bigarade, vanille, ylang-ylang.

Élément : eau.

Animal associé : crocodile.

Plante : jasmin.

Métal : étain.

Note musicale : ré.

Type de musique : danse latino.

Aspect du système solaire : Jupiter.

Association astrologique : les Poissons et le Sagittaire

Mantra : Vam.

Divinité liée au chakra : la déesse Rakini Shakti.

Besoin primordial : communion.

Le chakra en harmonie : Il est synonyme de joie et de sérénité. Les personnes chez qui il est harmonieux aiment prendre des risques, osent et se surpassent. Elles amènent la joie autour d'elles, sont en contact permanent avec leur enfant intérieur[3], se sentent à l'aise avec leur corps et ont une sexualité épanouie.

Qualités à développer pour harmoniser : Gestion et recul face à ses émotions, présence de la joie quelles que soient les circonstances, conscience et acceptation de son côté sombre et de son processus d'évolution, croissance, lâcher-prise par rapport à la peur de manquer ou de perdre le contrôle, courage et flexibilité.

Dysfonctionnement du chakra : mensonge, jalousie, culpabilité, dépendance, méfiance, impuissance, frigidité, gourmandise, anorexie, appétit sexuel excessif, besoin exagéré d'entretien du corps, caprice, insouciance, dépendance relationnelle et de l'opinion des autres, dépendance pour les drogues, irritabilité, susceptibilité, fanatisme, nostalgie, machisme, obstination, vénération exagérée pour un maître, une idole, besoin d'importance, refus de mûrir et de s'engager dans des relations comme des adolescents. D'un point de vue de la santé, il peut favoriser l'apparition d'un cancer du sein, de douleurs lombaires et une maladie des organes génitaux.

---

3. L'enfant intérieur : c'est la mémoire de l'enfant que nous avons été. Quand nous connaissons ce sentiment d'innocence et d'émerveillement, tout devient alors possible.

Événements qui peuvent le perturber : relations de dépendance basées sur le besoin de sécurité, volonté de contrôler autrui ou de se faire contrôler, d'exploiter ou de se faire exploiter, abus sexuel, manipulation.

Peurs : peur de s'engager, peur de s'ennuyer, peur de perdre le contrôle.

Association au Tarot : l'Impératrice

L'Impératrice est le 3e Arcane Majeur du Tarot de Marseille. Elle est en lien avec notre part féminine. La féminité se traduit de plusieurs façons – élégance, sensualité, fertilité, expression créative, éducation – et est nécessaire pour créer un équilibre chez les hommes et les femmes. L'Impératrice invite à nous connecter avec notre énergie féminine. Créons de la beauté dans notre vie. Connectons-nous à nos sens par le goût, le toucher, le son, l'odorat et la vue. Tirons parti de ces sens pour ressentir le plaisir et l'épanouissement profond. Cette carte nous pousse à découvrir différentes approches pour nous exprimer de manière créative, que ce soit à travers la peinture, la musique, le théâtre ou d'autres formes d'art. L'Impératrice signifie l'abondance et, en tant qu'archétype de la Terre Mère, elle nous invite à nous aventurer dans la nature pour ancrer notre énergie et être en flux avec la Terre.

Associations signes astrologiques : Poissons et Sagittaire

Les Poissons sont un signe d'eau et en tant que tel, sont caractérisés par l'empathie et leur capacité à exprimer et vivre leurs sentiments. Ce signe rend les personnes très amicales, lesquelles chercheront souvent la compagnie de personnes très différentes. Elles sont altruistes et toujours prêtes à aider les autres, sans rien espérer en retour.

Curieux et énergique, le Sagittaire est l'un des plus grands voyageurs parmi tous les signes du zodiaque. Son ouverture d'esprit et sa vision philosophique le motivent à parcourir le monde et à rechercher le sens de la vie. La liberté est son plus grand trésor car il peut explorer différentes cultures et philosophies.

Association planétaire : Jupiter

En astrologie, la planète Jupiter est associée à l'expansion, la joie et au voyage. Jupiter aime apprendre et découvrir le monde qui l'entoure. Avant tout, cette planète nous permet de partir à la découverte de notre vérité intérieure en croyant à la bonne fortune, en étant tolérant et optimiste. Elle peut parfois ne pas connaître de limites, tant son champ d'action est large. Jupiter nous rappelle que, par la générosité et le partage, nous créons du lien avec les autres et pouvons améliorer nos relations.

Associations alimentaires

Voici les aliments naturellement associés au chakra sacré :

- **Les oranges** : l'orange est la couleur qui représente le chakra sacré, il n'est donc pas surprenant que le fruit partage cette connexion. Cependant, tous les fruits charnus – tels que les papayes, les mangues et les pêches – peuvent vous aider à garder votre chakra sacré aligné.
- **Les graines :** il est conseillé de consommer à peu près n'importe quelle graine si vous souhaitez travailler sur la zone sacrée. Les « bonnes » graines, c'est-à-dire avec un taux de gras satisfaisant, comprennent la citrouille, le tournesol, le pavot et le chanvre.
- **La noix de coco** : regorgeant d'huiles et de graisses saines qui favorisent la santé cardio-vasculaire, la noix de coco peut augmenter votre niveau d'énergie et vous apporter la bonne humeur nécessaire à la créativité.
- **Bouillons et thés** : les liquides clairs ont pour réputation d'aider à guérir votre chakra sacré. Un bouillon

de légumes savoureux ou un thé aux fruits est donc une excellente option.

Association numérologique : 2

En numérologie, le 2 est le chiffre de la dualité : bien/mal, amour/haine, vie/mort, homme/femme. C'est l'échange et la confrontation à l'Autre, mais il est également un symbole fort d'union, et le chiffre de l'amour – le couple représente 2 personnes qui se mettent ensemble. Le 2 aime le collectif et apporte sa passion, ses idées et son savoir-faire. Il déteste généralement la solitude et doit faire attention à une dépendance excessive du regard des autres, et des autres en général. Les autres sont souvent un miroir mais parfois un miroir déformant. Toutefois, grâce à sa grande sensibilité et sa joie de vivre, le 2 est souvent très recherché par son entourage.

Affirmations liées au chakra sacré

- Je mérite de ressentir du plaisir et de répondre à mes besoins.
- Je suis convaincu·e que ce que j'offre au monde est suffisant.
- Je peux exprimer mon énergie sexuelle de manière amusante, créative et saine.

- J'attire des relations avec des personnes aimantes et bonnes qui me soutiendront.
- Je sais que je peux accueillir le changement pour créer le futur dont je rêve.
- Chaque jour, je ressens de plus en plus de joie et de satisfaction.
- Je suis plein·e d'inspiration et de potentiel créateur.
- Mon corps est vivant et je suis à l'aise avec lui.
- Je suis une personne forte et créative et j'aime ce que je crée.
- Je suis prêt·e pour un changement positif et pour une croissance personnelle profonde.

Méditation

- Asseyez-vous dans un endroit confortable et calme où vous ne serez pas dérangé·e ;
- Gardez votre colonne vertébrale droite et vos membres détendus ;
- Prenez dix respirations lentes et profondes ;
- Inspirez par le nez, en inspirant le plus profondément possible et expirez par la bouche ;

- Imaginez un cercle orange en rotation à l'emplacement de votre chakra sacré ;
- Puisque l'élément du chakra sacré est l'eau, imaginez la lumière orange du chakra se répandant en vagues ondulantes, enveloppant lentement tout votre corps. Cette lueur augmentera lentement, rendant toute la zone chaude et détendue ;
- Profitez de cette sensation pendant 3 à 5 minutes ;
- Puis, ouvrez lentement les yeux. Asseyez-vous quelques minutes avant de continuer votre journée.

Positions de yoga liées au chakra sacré

- La posture de la déesse.
- La posture du pigeon.
- La posture du lézard.
- La posture du papillon couché.

Archétypes

Positif
L'Empereur/L'Impératrice

Ce sont deux archétypes qui respectent et apprécient les délices du monde physique comme l'abondance, le bien-être et le plaisir. Ils savent qu'ils méritent d'apprécier la vie, la bonne chère, le confort et un certain niveau de luxe. Ce ne sont pas les archétypes les plus spirituels que l'on peut rencontrer, mais ils sont à l'aise avec leur matérialité.

Négatif
Le Martyr

Cet archétype se prive des plaisirs physiques et simples de la vie. Il peut se sentir floué par la bonté de la vie, et se punit de façon consciente en refusant la chaleur et le confort qu'il recherche. Il éprouve donc en retour une grande culpabilité qu'il projette sur son entourage en les faisant souffrir également.

Test : votre chakra sacré est-il déséquilibré ?

Répondez par oui ou non.

- Avez-vous l'impression que rien ne semble assez bien dans votre vie ?

- Pensez-vous que vous êtes dans l'impossibilité de faire des choix ?
- Êtes-vous hypersensible et trop émotif·ve ?
- Vous sentez-vous incapable d'exprimer vos sentiments correctement ?
- Vous sentez-vous incapable de comprendre les sentiments des autres ?
- Rencontrez-vous des problèmes aux reins et à la vessie ?
- Votre appétit sexuel est-il en déséquilibre ?
- Avez des problèmes avec votre cycle menstruel ?
- Ressentez-vous de la culpabilité lorsqu'il s'agit de vous faire plaisir ?
- Considérez-vous que les choix que vous faites dans votre vie sont mauvais pour vous ?

Résultats :

- **5 « oui » ou plus :** attention, votre chakra sacré est déséquilibré. Vous devez prendre des mesures quotidiennes pour apprendre à l'équilibrer grâce aux exercices précédents. Vous allez y arriver.
- **3 ou 4 « oui » :** vous avez encore peu de compréhension de la puissance de votre chakra sacré et devez

mettre en œuvre les exercices proposés quotidiennement pour le rééquilibrer. Encore un petit effort, vous y êtes presque.

- **2 « oui » :** votre chakra sacré est presque en équilibre, c'est une bonne nouvelle. Vous utilisez actuellement une partie de la force qui lui est attribuée, mais devez encore faire quelques ajustements pour l'équilibrer complétement. Vous êtes sur le bon chemin.
- **0 ou 1 « oui » :** vous avez une grande compréhension de votre chakra sacré et il est probablement en équilibre. Super, continuez ainsi !

Conseils pratiques pour débloquer son chakra sacré

- **Explorez votre expression créative.** Choisissez une activité qui vous intéresse comme la sculpture, le dessin, la photographie, le crochet, la fabrication de bijoux ou la cuisine, et essayez. N'oubliez pas que l'art nécessite du temps, du dévouement et de la pratique. Ne vous attendez pas à atteindre la perfection dans la pratique que vous choisissez. Pensez à ce que vous aimeriez exprimer mentalement ou émotionnellement, et peignez, tissez, construisez, attachez ou photographiez ces désirs intérieurs.

- **Identifiez vos blocages sexuels.** Quels idéaux, croyances et préjugés à l'égard de la sexualité vous a-t-on appris pendant votre enfance ? Vous pouvez noter ces blocages ou en parler avec un ami ou un professionnel. Une fois ces blocages identifiés, vous pourrez ensuite procéder à leur déconstruction.
- **Soyez conscient de vos déclencheurs émotionnels.** Les explosions d'émotions peuvent être équilibrées en prenant conscience de vos déclencheurs émotionnels. Par exemple, si vous découvrez que vos poings commencent à se serrer lorsque vous vous mettez en colère, libérez-les lentement et respirez profondément. Si votre sang ne fait qu'un tour quand on parle d'un sujet en particulier, prenez conscience et accueillez cette émotion.
- **Explorez la racine de vos dépendances.** Les dépendances sont un moyen pour nous de faire face à notre réalité et de combler des vides dans nos vies. Dans un journal ou bien seul·e, explorez vos addictions. Posez-vous les questions suivantes : « Où en étais-je dans ma vie quand j'ai commencé à devenir accro à cela ? » « Qu'est-ce que je ressens comme bénéfice par cette dépendance ? » « Qu'est-ce que je cherche à cacher ou masquer avec cette dépendance ? » Si vous souffrez d'une dépendance grave, efforcez-vous de prendre rendez-vous avec un addictologue.

- **Pratiquez la bienveillance envers votre corps.** Explorez des ressources stimulantes telles que des livres, des ateliers et des méditations guidées qui vous aideront à accepter votre type de morphologie. Changez votre régime alimentaire si besoin. En bref, honorez votre corps.

- **Faites quelque chose de spontané.** Permettez-vous de faire quelque chose que vous ne feriez pas habituellement. Brisez le cycle d'une vie monotone qui manque de créativité. Par exemple, regardez un film que vous n'auriez jamais regardé, mangez ce fruit bizarre que vous ne connaissez pas, entrez dans ce magasin devant lequel vous passez toujours sans vous arrêter. Bref, sortez de votre zone de confort.

- **Riez.** Essayez d'incorporer plus d'humour dans votre vie. Regardez des films comiques et entourez-vous de personnes enjouées qui sont en contact permanent avec leur chakra sacré. Vous aimerez peut-être aussi explorer la danse du ventre qui est un merveilleux stimulateur du chakra sacré.

LE PLEXUS SOLAIRE

« Je suis en effet un roi,
parce que je sais comment me diriger. »

PIETRO ARETINO, AUTEUR ITALIEN
DE LA RENAISSANCE.

Pouvoir personnel.

JE FAIS.

Représente notre habilité à être confiant et maître de notre vie.

Symbolisme

Le Chakra du Plexus Solaire est le centre de notre identité et de notre valeur. C'est par lui que sont ancrés nos systèmes de croyance et nos schémas de répétition qui, mal intégrés, aboutissent aux doutes et aux peurs. Il représente notre capacité à être et la carapace que nous pouvons endosser pour nous protéger du monde extérieur. Quand il est en harmonie, le Plexus Solaire est un formidable outil de développement personnel car la connaissance de soi induite permet de délivrer des sagesses avec charisme. La personne dont ce chakra est harmonisé sait ce qu'elle veut, qui elle est et agit en rapport avec ses convictions profondes. C'est la confiance en soi saine. S'il est déséquilibré, il apporte rigidité dans les actions et la pensée, une stagnation dans notre vie et le refus de sortir de sa zone de confort.

Nom sanskrit : Manipura ou joyau scintillant.

Âge de résonance : de 14 à 21 ans.

Location : entre le sternum et le nombril, au niveau de l'estomac.

Associations physiques : système nerveux, pancréas, foie, tube digestif, peau, foie, vésicule biliaire, rate, estomac, pancréas, intestin grêle, muscles.

Mots-clés : responsabilité, logique, intellect, mental, discernement, opinion, sagesse.

Fonction sensorielle : la vue.

Couleur : jaune.

Minéraux : citrine, pyrite-dollar, œil de tigre, saphir jaune, ambre, topaze impériale.

Huiles essentielles associées : basilic indien, citron, citronnelle, estragon, gingembre, lemongrass, jasmin, mandarine, menthe bergamote, pamplemousse, verveine citronnée, anis, basilic citronné, camomille romaine, curcuma, eucalyptus, fenouil doux, genièvre, géranium rosat, hélichryse italienne, myrte citronné, palmarosa, petitgrain citron, pistache, verveine citronnée.

Élément : feu.

Animal associé : bélier.

Plante : œillet.

Métal : fer, or.

Note musicale : mi.

Type de musique : marches.

Entité angélique associée : l'Archange Uriel, celui qui nous encourage à nous connaître nous-même et nous aide en cas de doutes.

Aspect du système solaire : Mars, la planète de la guerre et Pluton, la planète de la transformation.

Association astrologique : le Bélier et le Scorpion.

Mantra : Ram.

Divinité liée au chakra : la déesse Lakini Shakti.

Besoin primordial : importance.

Le chakra en harmonie : capacité de distinction, pertinence dans les pensées, ouverture d'esprit et compréhension spirituelle, contrôle des émotions, recul par rapport aux ambitions. Un plexus solaire en harmonie favorise la gaieté et l'optimisme, et au niveau supérieur : la purification, la sagesse, la félicité et l'expression personnelle de son être. Il offre une très bonne capacité d'autoprotection face à l'environnement.

Qualités à développer pour harmoniser : amour, compassion, ouverture spirituelle, foi.

Dysfonctionnement du chakra : égoïsme, passivité, apathie, irréalisme, jugement, désespoir, complexe d'infériorité ou de supériorité, froideur dans les relations, difficultés relationnelles, manque d'empathie, incapacité à pardonner, rancune, arrogance intellectuelle, esprit excessivement cartésien, entêtement, rigidité mentale, manque de capacité d'adaptation, obstination à soigner les détails, besoin exagéré d'analyse, défaut de discernement, manque de capacité intellectuelle, incapacité à prendre de la distance, tendance à se concentrer sur le problème et non sur la solution, inclination à se compliquer la vie, besoin d'importance, refus de la spiritualité, nervosité, dispersion énergétique.

Événements qui peuvent le perturber : obstination sur un objectif, attachement au résultat, mauvaise utilisation de son énergie vitale vers de « faux » buts, difficulté à extraire le positif des expériences de la vie, absence de désir d'évolution, ambition exagérée, passivité.

Peurs : peur du manque de respect et de dignité, peur de l'échec, peur d'être ignoré.

Association au Tarot : la Force

La carte Force est le 11e Arcane Majeur du Tarot de Marseille. Elle représente la force, la détermination et le pouvoir – comme le Chariot. Cependant, alors que le Chariot traduit la force et la volonté extérieures, la carte Force évoque la force intérieure et la capacité de l'esprit humain à surmonter n'importe quel obstacle. La force consiste à savoir ce que l'on peut supporter comme obstacles de la vie. Elle apporte une grande endurance et persévérance, équilibrée avec une patience sous-jacente et un calme intérieur. Une fois réveillée, votre force intérieure vous rend déterminé·e à accomplir vos buts avec sang-froid et maturité. Cette carte alimente votre force intérieure, votre puissance personnelle, votre forte volonté et votre détermination. Vous ne vous imposez pas en essayant de contrôler les autres, mais vous les influencez et les persuadez sans arrière-pensée car vous avez conscience de votre propre valeur. D'autres peuvent sous-estimer votre pouvoir en raison de son « invisibilité », ce qui s'apparente en réalité à un avantage. Votre force vous procure la confiance nécessaire pour surmonter les peurs, les défis et les doutes.

Associations signes astrologiques : Bélier et Scorpion

En tant que premier signe du zodiaque, le Bélier marque toujours le début de quelque chose. Les personnes de ce signe astrologique sont constamment à la recherche de dynamisme, de vitesse et de compétition, et aiment toujours être les premières en tout – du travail aux rencontres sociales. Le Bélier fonce littéralement la tête la première dans une situation.

Le Scorpion est un grand leader qui se distingue également par son ingéniosité et sa dévotion à une cause.

Le Bélier et le Scorpion détestent la malhonnêteté et peuvent se révéler très jaloux et méfiants. Ils doivent donc apprendre à s'adapter plus facilement aux différents comportements humains.

Associations planétaires : Mars et Pluton

Mars est la planète de l'action, de l'énergie et du désir. C'est une planète qui va régir nos instincts primaires, ceux qui viennent de nos tripes. C'est une énergie brute à part entière qui laisse peu de place à la contemplation, mais plutôt à la réaction. Mars nous aide à agir et à imposer notre volonté.

Pluton est la planète de la mort, du changement, mais aussi du renouveau et de la quête de la vérité. Elle nous permet de chercher plus loin en nous-même à la recherche de notre véritable essence. Que nous l'acceptions ou non, Pluton impose sa volonté de fer afin de nous dépouiller du superflu. Cela peut donner naissance à des luttes de pouvoir en nous-même, d'obsession et d'autodestruction si nous refusons de changer.

Associations alimentaires

Voici les aliments naturellement associés au plexus solaire :

- **Poivrons jaunes :** le jaune étant la couleur du chakra du plexus solaire, vous ne pouvez pas vous tromper en ajoutant plus de poivrons jaunes à votre alimentation (sauf en cas d'allergies).
- **Glucides complexes :** étant donné que le chakra du plexus solaire joue un rôle majeur dans l'énergie dont vous disposez, il est judicieux de choisir de la nourriture qui vous fournisse un apport énergétique constant et soutenu, au lieu d'un simple pic de glycémie dans le sang. Le riz brun, le pain brun et les

céréales complètes sont de bons aliments à inclure dans votre régime alimentaire.

- **Maïs :** cet aliment jaune vif et optimiste peut nourrir le chakra du plexus solaire et servir de coup de pouce supplémentaire à votre bien-être.
- **Tisane à la camomille :** bien que cela ne soit pas strictement un aliment à proprement parler, la tisane à la camomille a toujours été recommandée pour aider à traiter un blocage du chakra du plexus solaire. Elle peut également apaiser un estomac capricieux.

Association numérologique : 3

Le 3 symbolise la facilité d'expression, le dynamisme, la vitalité, l'action. Il possède un charisme sans pareil et semble le plus heureux quand les autres l'admirent, et qu'il se sent reconnu. Enthousiaste et magnétique, le 3 est très agréable à côtoyer et sa présence nous assure de passer un bon moment. Mais souvent, derrière cette façade dorée, se cachent un problème d'ego démesuré et un côté superficiel qui peuvent faire oublier l'essentiel et la véritable nature du 3. C'est un chiffre qui aime penser différemment, discuter, échanger et cherche avant tout l'équilibre. Tout passe par le mental, c'est un chiffre qui aime manier les idées avec brio quand il ne s'éparpille pas trop.

Affirmations liées au chakra du plexus solaire

- Je suis l'incarnation même de la paix intérieure et de la confiance.
- J'ai une grande estime de moi et je me sens mieux chaque jour.
- Je n'ai pas besoin de tout contrôler dans ma vie.
- Je suis puissant·e et à l'aise avec ce pouvoir.
- Je me sens motivé·e pour poursuivre mon objectif.
- Je me libère des expériences du passé qui sont négatives.
- Je suis ambitieux·se, capable et prêt·e à atteindre mon objectif.
- Je sais que je suis digne et capable.
- Je me pardonne pour les erreurs passées et j'apprends d'elles.
- La seule chose que je dois contrôler, c'est la façon dont je réagis aux situations.

Méditation

- Asseyez-vous dans un endroit confortable et calme où vous ne serez pas dérangé ;
- Gardez votre colonne vertébrale droite et vos membres détendus ;
- Prenez dix respirations lentes et profondes ;
- Inspirez par le nez, en inspirant le plus profondément possible et expirez par la bouche ;
- Imaginez une sphère ronde de lumière jaune éclatant au centre de l'abdomen supérieur, et concentrez-vous lentement sur l'élargissement et l'éclat de l'énergie ;
- Imaginez la sphère en rotation (dans le sens des aiguilles d'une montre). Cette lueur augmentera lentement, rendant toute la zone chaude et détendue ;
- Profitez de cette sensation pendant 3 à 5 minutes ;
- Puis, ouvrez lentement les yeux. Asseyez-vous quelques minutes avant de continuer votre journée ;

Positions de yoga liées au chakra du plexus solaire

- La posture de l'arc.

- La posture du bateau.
- La posture du chat.
- La posture de la torsion assise.

Archétypes

Positif
Le Guerrier

Cet archétype possède une conscience accrue de son individualité. Il sait qui il est lui-même, et quelle est sa place par rapport aux autres. Son sens du soi n'est pas despotique ni trop faible. Il possède la force et le courage intérieur de réaliser ses projets, et relever les défis qui se trouvent sur sa route.

Négatif
Le Domestique

Cet archétype cherche tout le temps l'approbation des autres et son identité personnelle est ancrée dans le monde extérieur. Il travaille toujours – de façon consciente ou non – pour le compte des autres et se sacrifie, mais pas forcément pour une cause juste, uniquement par manque de jugement. Il laisse les autres le définir et perd son énergie pour toujours satisfaire les besoins d'autrui avant les siens car il se pense incapable d'exécuter les choses correctement.

Test : votre chakra du plexus solaire est-il déséquilibré ?

Répondez par oui ou non.

- Ressentez-vous le besoin d'avoir un contrôle sur les autres ?
- Vous sentez-vous banal·e ?
- Avez-vous du mal à garder un secret ?
- Est-ce que vous ressentez souvent le besoin de juger les autres ?
- Cédez-vous souvent aux sentiments de haine et de colère ?
- Cherchez-vous constamment l'attention des autres ?
- Manquez-vous d'énergie pour mettre vos idées en pratique ?
- Craignez-vous le rejet ou la critique ?
- Vous positionnez-vous toujours en tant que victime ?
- Avez-vous des problèmes digestifs ?

Résultats :

- **5 « oui » ou plus :** attention, votre plexus solaire est déséquilibré. Vous devez prendre des mesures quotidiennes pour apprendre à l'équilibrer grâce aux exercices précédents. Vous allez y arriver.

- **3 ou 4 « oui » :** vous avez encore peu de compréhension de la puissance de votre plexus solaire et devez mettre en œuvre les exercices proposés quotidiennement pour le rééquilibrer. Encore un petit effort, vous y êtes presque.
- **2 « oui » :** votre plexus solaire est presque en équilibre, c'est une bonne nouvelle. Vous utilisez actuellement une partie de la force qui lui est attribuée, mais devez encore faire quelques ajustements pour l'équilibrer complétement. Vous êtes sur le bon chemin.
- **0 ou 1 « oui » :** vous avez une grande compréhension de votre plexus solaire et il est probablement en équilibre. Super, continuez ainsi !

Conseils pratiques pour débloquer son chakra du plexus solaire

- **Coupez les liens avec les personnes critiques et négatives.** Si vous ne parvenez pas à rompre définitivement les liens avec les personnes qui critiquent et sont également critiques, efforcez-vous de garder une distance avec elles. N'oubliez pas que le pouvoir est entre vos mains. C'est à vous de décider qui reste et part dans votre vie. Si quelqu'un vous discrédite, vous sous-estime ou vous met mal à l'aise, prenez des mesures pour le faire partir de votre vie.

- **Explorez les plus grandes résistances de votre vie.** Contre quoi vous battez-vous constamment ? De quoi avez-vous peur ? Quels problèmes reviennent sans cesse dans votre vie ? Lorsque vous vous posez ces questions et découvrez la réponse, la plus grande source de perte d'énergie de votre vie apparaît au grand jour. La prochaine étape consiste à apprendre à conserver votre énergie et à arrêter de résister. Demandez-vous : « Que dois-je comprendre, aimer ou lâcher pour libérer mon énergie ? » Souvent, les personnes dont le chakra du plexus solaire est bloqué ont tendance à investir d'énormes quantités d'énergie pour se battre, éviter ou supprimer quelque chose.
- **Prenez un bain de soleil.** Comme le chakra du plexus solaire est représenté par l'élément de feu, le soleil est une source de vitalité essentielle. En réalité, moins vous avez de vitamine D dans votre vie, plus vous êtes sujet à des problèmes tels que l'anxiété et la dépression. Faites une simple promenade matinale au soleil, ou même détendez-vous au soleil avec une bonne tasse de thé. N'hésitez pas à prendre de la vitamine D en complément alimentaire si besoin.
- **Libérez toute la colère que vous stockez à l'intérieur de vous-même.** Notre puissance réprimée s'exprime souvent comme une colère bloquée (pensez

aux explosions volcaniques). De fait, lorsque nous libérons cette colère, nous pouvons à nouveau accéder à cette énergie. Essayez de libérer votre colère d'une manière saine, par exemple en faisant de l'exercice en dansant, en chantant, en écrivant, en pleurant, etc.

- **Arrêtez de vous voir comme une « victime ».** L'un des états d'esprit les plus préjudiciables portés par ceux dont les chakras du plexus solaire sont bloqués est la notion d'être une victime « impuissante » et sans défense. Si vous vous enfermez dans cette mentalité, elle se manifestera par la tendance à blâmer les autres pour votre malheur. Vous pourriez également vous retrouver constamment à sacrifier vos besoins pour d'autres qui n'apprécient pas toujours vos efforts. C'est ce que l'on appelle le « syndrome des martyrs ». Vous perdez beaucoup d'énergie à jouer la victime. Si vous vous percevez comme la victime de quelqu'un d'autre ou de quelque chose d'autre, alors tentez de dire « non ». Jouer la victime est souvent un moyen de de contourner le poids de sa responsabilité personnelle.

- **Riez de vous-même.** Quand nous pouvons rire de nous-même et de la vie, nous nous sentons en contrôle. Même les périodes les plus sombres de la vie peuvent être imprégnées d'humour. L'humour est une grande source de force qui nous rappelle que la vie est toujours en transition. Quand nous trouvons l'humour, nous trouvons la liberté. Plus vous êtes sérieux, plus vous êtes déconnecté de votre source d'énergie.

- **Libérez-vous des attachements malsains.** Les attachements malsains sont d'énormes sources de perte d'énergie et sont souvent responsables des blocages du plexus solaire et de la stagnation de l'énergie. Ils peuvent être émotionnels, mentaux et aussi physiques. Nous pouvons nous attacher aux idéaux, croyances, souvenirs, attentes, désirs, peurs, personnes, lieux, objets et substances. Ce sont essentiellement des formes d'énergie qui se « coincent » dans notre corps et notre esprit. Parfois, ces morceaux d'énergie deviennent si denses qu'ils entraînent des dépendances dangereuses et des habitudes limitantes. La meilleure façon de briser un attachement malsain est de vous demander : « Est-ce que cette croyance / mémoire / désir / objet sert mon plus grand bien ? » Lâcher prise, c'est apprendre à prendre soin de soi et à trouver la stabilité et la sécurité intérieure sans avoir besoin d'une béquille externe.

- **Prenez soin de vous tous les jours.** Une bonne estime de soi est l'une des pierres angulaires d'un chakra du plexus solaire en harmonie. Lorsque vous prenez soin de votre corps et de votre santé psychologique, votre énergie s'harmonise instantanément. Pensez aux domaines de votre santé physique, mentale, émotionnelle ou spirituelle que vous avez négligés. Sinon, réfléchissez à ce qui vous cause le plus de douleur dans votre vie et ciblez-le. Par exemple, si vous avez négligé votre corps, cela se manifestera par des maux, des douleurs et des maladies chroniques. Prendre soin de soi est une forme d'amour-propre et de respect. N'oubliez pas que personne d'autre que vous ne peut mieux prendre soin de VOUS. Vous seul·e connaissez vos besoins les plus profonds à tout moment.

- **Apprenez à respirer profondément et à prendre du recul.** Si vous avez du mal à contrôler une situation, apprenez à vous concentrer sur votre respiration. En respirant profondément et en prenant du recul, vous pouvez penser de manière réaliste à la situation en question. Traitez avec compassion toute forme d'inflation de l'ego, car c'est uniquement un cri d'amour et d'attention. Prenez les devants en vous fixant des objectifs. Surmontez votre flegme en dressant une liste de dix choses que vous aimeriez accomplir et consacrez-vous-y. Cette liste peut être aussi complexe ou simple que vous le souhaitez. Par exemple, vous voudrez peut-être améliorer votre posture, dormir davantage, commencer un nouveau régime alimentaire, suivre vos dépenses financières ou lire un livre précis. En vous fixant des objectifs clairs, vous pourrez arriver à vos buts plus facilement, et donc mieux manifester votre volonté.

LE CHAKRA DU CŒUR

« La gentillesse est le langage
que le sourd peut entendre
et l'aveugle peut voir. »

MARK TWAIN, AUTEUR AMÉRICAIN DU XXE SIÈCLE.

Relations et estime de soi.

J'AIME.

Représente notre habilité à aimer.

Symbolisme

Le chakra du cœur nous apprend que pour aimer l'autre, il faut d'abord savoir s'aimer dans son intégralité. Il est relié aux notions de compassion, d'amour de l'autre, de sensibilité, de partage et d'amour inconditionnel. Une fois le travail sur les trois premiers chakras effectué, il est temps d'ouvrir son cœur au monde pour se sentir vivant ; c'est le point de rencontre entre le visible et l'invisible, le matériel et le spirituel. En nous confrontant aux autres, nous nous confrontons également à nous-même, et si nous ne sommes pas dans un état d'amour absolu, nous pouvons connaître la déception et la sensation désagréable d'être utilisé. En travaillant sur les notions de pardon et d'acceptation, nous pouvons surmonter ces sentiments pour apprendre à aimer à nouveau. Il est également important de savoir ressentir ses émotions sans se laisser envahir par elles, ainsi que de les maîtriser avec bienveillance et harmonie.

Nom sanskrit : Anahata ou « harmonie ».

Âge de résonance : de 21 à 28 ans.

Location : au centre de la poitrine, au niveau du cœur.

Associations physiques : cœur, thymus, système circulatoire et système immunitaire, poumons.

Mots-clés : compassion, tendresse, amour universel, lâcher-prise, harmonie.

Fonction sensorielle : le sens du toucher.

Couleur : vert, vert pomme, vert foncé et rose.

Minéraux : aventurine, péridot, tourmaline verte, fluorite verte, émeraude, jade, quartz rutile et or.

Huiles essentielles associées : anis, basilic indien, cèdre d'Atlas, estragon, lemongrass, limette, mélisse, myrte citronné, verveine citronnée, basilic doux, marjolaine des jardins, mélèze, mélisse, menthe bergamote, pins, sapins, thym linalol.

Élément : air.

Animal associé : antilope.

Plante : rose.

Métal : cuivre et or.

Note musicale : fa.

Type de musique : chorale.

Entité angélique associée : l'Archange Raphaël, porteur de l'amour guérisseur de la Source[4].

Aspect du système solaire : Vénus, la planète de l'amour.

Association astrologique : le Taureau et la Balance.

Mantra : Yam.

Divinité liée au chakra : la déesse Kakini Shakti.

4. La Source : en spiritualité, la Source peut se rapprocher du concept de « Dieu » dans le sens où c'est une énergie présente partout, en nous mais aussi à l'extérieur de nous. C'est une énergie omnipotente et suprême, constituée d'Amour Inconditionnel, à la base de la création de notre monde.

Besoin primordial : amour.

Le chakra en harmonie : ces personnes vivent le moment présent avec joie. Elles ont conscience de leur possibilité créatrice et de leur capacité à contribuer à la croissance sur Terre. Elles s'aiment et aiment les autres. Elles savent pardonner et sont reconnaissantes de ce que la Nature leur offre. Elles tiennent en haute estime les valeurs suivantes : harmonie, joie et amour.

Qualités à développer pour harmoniser : confiance en soi, lâcher-prise, joie, gaieté, discipline, pureté, compassion, amour conditionnel, équilibre émotionnel.

Dysfonctionnement du chakra : possessivité, colère, irritabilité, voracité, égoïsme, incapacité de décision, dispersion, besoin exagéré de vouloir se protéger, manque de sens de la réalité, manque d'objectivité, insatisfaction permanente, attachement aux apparences, déséquilibre émotionnel, doute, méfiance, préjugés, jalousie, envie, hypersensibilité, manque d'humour, lâcheté, paresse, difficulté à s'engager dans ses relations, refus des responsabilités, placidité face aux événements extérieurs. Au niveau de la santé, cela se traduit par de l'irrégularité au quotidien, une fatigue permanente, une difficulté à se régénérer, de la tachycardie ou des problèmes cardio-pulmonaires.

Événements qui peuvent le perturber : désirer la réciprocité pour aimer, stagner dans le passé et refuser de vivre dans le présent, se blesser ou blesser les autres, avoir peur, ressentir de la haine, manquer d'intégrité dans ses relations, manquer d'amour pour soi-même, se faire juger ou abuser par les autres.

Peurs : peur de la solitude, du rejet, du manque d'amour, de perdre sa liberté.

Association au Tarot : les Amoureux

La carte des Amoureux est le 6e Arcane Majeur du Tarot de Marseille. Dans sa forme la plus pure, elle représente des connexions conscientes et des relations significatives. C'est une carte de communication ouverte et d'honnêteté brute. Étant donné que l'homme et la femme sont nus sur la carte, ils sont tous deux prêts à se trouver dans leurs états les plus vulnérables et ont appris à ouvrir leur cœur et à partager leurs sentiments les plus vrais. Ils préparent le terrain à partir duquel la confiance peut émerger, créant un lien puissant entre les deux. Les Amoureux nous confèrent le pouvoir d'ouvrir notre cœur aux autres pour trouver notre place dans le monde et ressentir de la joie.

Associations signes astrologiques : Taureau et Balance

Le Taureau est le signe qui récolte les fruits de son travail grâce à son côté pratique et stable. Il ressent le besoin d'être toujours entouré d'amour et de beauté, tourné vers le monde matériel, l'hédonisme et les plaisirs physiques. Les personnes nées avec leur Soleil en Taureau sont sensuelles et tactiles, considérant le toucher et le goût comme les sens les plus importants de tous. C'est l'un des signes les plus fiables du zodiaque, prêt à endurer et à s'en tenir à ses choix jusqu'à ce qu'il atteigne ses buts.

Les personnes nées sous le signe de la Balance sont pacifiques, justes et détestent être seules. La notion de partenariat est très importante pour elles, car c'est un miroir qui leur permet de se retrouver elles-mêmes. Les « Balance » sont fascinées par l'équilibre et la symétrie, elles sont constamment en quête de justice et d'égalité, réalisant à travers la vie que la seule chose qui devrait être vraiment importante pour elles-mêmes est leur propre individualité.

Association planétaire : Vénus

La planète Vénus régit nos attachements aux autres. Elle a besoin de beau, de bon, de paix, d'harmonie et de sensualité. Qu'est-ce qui fait réellement vibrer notre cœur et nous apporte une joie inconditionnelle ? L'amour et la paix. Vénus recherche l'égalité, et veut aimer et être aimée en retour. Elle peut aussi se montrer vaine, superficielle et autocentrée si l'on intègre mal ses énergies.

Associations alimentaires

Voici les aliments naturellement associés au chakra cœur :

- **Aliments verts :** tous les alimentes verts sont liés au chakra du cœur. Cela signifie que vous ne pouvez pas vous tromper en optant pour des ingrédients comme le chou frisé, les citrons verts, les poivrons verts, les épinards et les pommes vertes.
- **Soupes chaudes :** une soupe copieuse et riche peut vous aider à reconstituer vos réserves émotionnelles et à récupérer. Il est également prouvé que les soupes favorisent votre guérison lors d'une maladie ; puisque le système immunitaire est souvent faible lorsque les chakras sont mal alignés.
- **Aliments riches en vitamine C :** enfin, le jus d'orange, les fraises et autres fruits riches en vitamine C peuvent aider le chakra cœur. Amusez-vous à combiner ces fruits à des légumes verts pour créer un smoothie incroyablement sain.

Association numérologique : 4

Le chiffre 4 en numérologie représente le concret, les fondations et la Terre. Ce sont souvent ce que l'on appelle des bâtisseurs qui ont une forte envie de réaliser un projet et font preuve de persévérance. Très sensibles aux autres, ils se cachent souvent derrière une carapace froide et sévère, en raison de leur sensibilité. On peut les qualifier d'égoïstes car ils semblent perméables aux émotions qui les entourent et sont souvent incompris par leur entourage. Au fond d'eux, se cachent des trésors d'affection et d'amour qui adorent faire plaisir aux gens qu'ils aiment. Ils affectionnent une vie ordonnée car ils voient les choses dans la durée, pour pouvoir proposer le meilleur à leur famille. Ils sont prêts à nombre de sacrifices pour améliorer leur vie. La tendance négative serait bien sûr de tomber dans l'avarice, la peur de l'autre ou de se refermer dans leur carapace où le monde extérieur ne peut les atteindre.

Affirmations liées au chakra du cœur

- Je choisis la joie, la compassion et l'amour.
- Je m'aime inconditionnellement et offre le même amour aux autres.
- Mon cœur est libéré de toutes les blessures du passé.

- Je connais mes propres émotions et j'accepte toutes les formes qu'elles peuvent prendre.
- Je pardonne aux autres et je me pardonne.
- Chaque jour, je réalise le désir de mon cœur.
- Je suis ouvert·e à l'amour et j'en reçois plus chaque jour.
- Je donne de l'amour librement et cela m'apporte de la joie.
- Mon chakra du cœur est ouvert et je vais bien.
- Je crée des relations de soutien et d'amour qui sont bonnes pour moi.

Méditation

- Asseyez-vous dans un endroit confortable et calme où vous ne serez pas dérangé ;
- Gardez votre colonne vertébrale droite et vos membres détendus ;
- Prenez dix respirations lentes et profondes ;
- Inspirez par le nez, le plus profondément possible et expirez par la bouche ;

- Imaginez que vous tiriez de l'énergie verte à travers votre corps vers le cœur, en commençant à la base de la colonne vertébrale et en vous déplaçant vers le haut ;
- Imaginez cette énergie se solidifier en une boule lumineuse d'énergie verte assise au niveau du chakra du cœur. Lorsque vous inspirez et expirez, visualisez cette balle devenir plus grosse et plus brillante ;
- Cette lueur augmentera lentement, rendant toute la zone chaude et détendue ;
- Profitez de cette sensation pendant 3 à 5 minutes ;
- Puis, ouvrez lentement les yeux. Restez en position assise quelques minutes avant de continuer votre journée.

Positions de yoga liées au chakra du cœur

- La position du sphinx.
- La position du cobra.
- La posture du danseur.
- La posture de la fente haute.

Archétypes

Positif
L'Amoureux

Pour cet archétype, le fondement de son existence est l'amour. Il aime sans condition et peut soigner les personnes qu'il côtoie car il apporte douceur, chaleur et acceptation. C'est une personne foncièrement gentille et pleine de bonté, qui partage son amour à l'intérieur pour elle-même, mais aussi à l'extérieur pour les autres. Il a compris qu'aimer, c'est vivre.

Négatif
L'Acteur

Pour cet archétype, l'amour est soumis à condition. Il a des attentes, des projections sur sa manière d'aimer et la personne à aimer. Il refusera de donner son amour si la personne ne répond pas à ses conditions. Il reproduit, dans ses relations, la manière dont il a été aimé, de façon factice et étriquée, et est souvent déçu car il ne sait pas retenir l'amour dans son cœur.

Test : votre chakra du cœur est-il déséquilibré ?

Répondez par oui ou non.

- Est-ce que les autres peuvent vous atteindre trop facilement sur le plan émotionnel ?
- Avez-vous des schémas de pensée répétitifs et négatifs ?
- Craignez-vous d'être blessé·e dans vos relations ?
- Manquez-vous de joie de vivre ?
- Êtes-vous jaloux·se ou envieux·se des autres ?
- Rencontrez-vous des problèmes pulmonaires ?
- Souffrez-vous de problèmes dans le haut du dos et/ou à l'épaule ?
- Vous sentez-vous souvent vide à l'intérieur ?
- Appréhendez-vous l'engagement ?
- Avez-vous tendance à vous méfier de vos amis et de votre famille ?

Résultats :

- **5 « oui » ou plus :** attention, votre chakra cœur est déséquilibré. Vous devez prendre des mesures quotidiennes pour apprendre à l'équilibrer grâce aux exercices précédents. Vous allez y arriver.

- **3 ou 4 « oui » :** vous avez encore peu de compréhension de la puissance de votre chakra cœur et devez mettre en œuvre les exercices proposés quotidiennement pour le rééquilibrer. Encore un petit effort, vous y êtes presque.
- **2 « oui » :** votre chakra cœur est presque en équilibre, c'est une bonne nouvelle. Vous utilisez actuellement une partie de la force qui lui est attribuée, mais devez encore faire quelques ajustements pour l'équilibrer complètement. Vous êtes sur le bon chemin.
- **0 ou 1 « oui » :** vous avez une grande compréhension de votre chakra cœur et il est probablement en équilibre. Super, continuez ainsi !

Conseils pratiques pour débloquer son chakra du cœur

- **Établissez des limites personnelles claires.** Examinez à quel moment, dans votre vie, vous permettez à d'autres personnes de dépasser vos limites. À quel moment dites-vous « oui » quand vous voulez désespérément dire « non » ? Quelles personnes de votre vie vous en demandent trop ? Dans quels registres de votre vie vous sentez-vous anxieux·se et ce, sans aucun fondement ? Développez l'habitude de faire respectueusement savoir à votre entourage où se trouvent vos limites. Pratiquez l'assertivité et prenez soin de vous.

- **Faites preuve d'empathie en demandant « Et si ? ».** Il peut être facile pour l'esprit de tirer des conclusions hâtives sur les autres. Souvent, ces conclusions sont critiques, dures et sans amour. La prochaine fois que vous vous sentirez en colère contre une autre personne, posez-vous la question « Et si ? » Par exemple, si quelqu'un est impoli avec vous, demandez-vous : « Et si cette personne venait de perdre son emploi ? » Ou si vous avez du mal à vous entendre avec quelqu'un d'autre, interrogez-vous : « Et si l'enfance de cette personne la traumatisait à tel point qu'elle ne peut pas se rapporter aux autres ? » N'oubliez pas qu'il y a toujours une histoire derrière le comportement des autres.

- **Faites plus de câlins.** Les êtres humains sont des créatures sociales qui ont besoin de contact physique affectueux pour rester en bonne santé. Les câlins libèrent de l'ocytocine, un composant chimique qui calme le corps et s'apparente à un antidépresseur naturel. Essayez d'accorder davantage de câlins à vos proches. Si vous n'avez personne à embrasser, essayez de vous étreindre pour exprimer l'amour de vous-même.

- **Faites preuve d'amour-propre en vous donnant la permission de ressentir les choses.** La plus grande forme de violence que nous exerçons sur nous-même, et ce, à notre insu, est celle de refouler nos émotions. Elles ne sont pas faites pour être contrôlées, réprimées ou exclues – ce sont des expressions de notre humanité que nous devons accepter. Accordez-vous la permission d'être malheureux·se, en colère, triste, ennuyé·e, jaloux·se, etc. En résumé, toutes les émotions que vous évitez de ressentir habituellement.

- **Permettez-vous de recevoir de l'amour.** Souvent, nous avons tendance à ignorer ou à minimiser les expressions d'amour des autres par manque d'estime de soi et par peur. Au lieu de nier l'affection ou les compliments, essayez de les accepter gracieusement. Vous pourriez vous sentir un peu gêné·e au début, mais ce simple changement de comportement peut ouvrir davantage votre cœur.

- **Soyez reconnaissant et montrez votre gratitude.** Il est regrettable que nous considérions nos proches et ce que nous possédons pour acquis. L'une des meilleures pratiques de guérison du chakra du cœur est simplement de reconnaître toutes les bénédictions que vous avez. Asseyez-vous, regardez autour de vous ou pensez à tout ce que vous aimez dans votre vie. Dites silencieusement « merci » à chacun d'eux ou adressez une prière de gratitude si cela vous semble approprié.

- **Menez un travail sur vos propres ombres.** Souvent, lorsque notre chakra du cœur est fermé, cela signifie que nous stockons beaucoup d'énergie sombre dans notre inconscient. Votre moi « sombre » est la partie de vous où sont stockés tous vos traits de personnalité, pensées, sentiments, habitudes et parties de l'ego socialement inacceptables, rejetés et refusés. Lorsque vous commencez à accéder à ces parties enfouies en vous et à les accepter, votre cœur s'ouvre immédiatement un peu plus.
- **Instaurez un rituel de pardon.** Le pardon commence par vous. De quelles manières vous êtes-vous maltraité·e ? Ou de quelle manière avez-vous été maltraité·e ? Écrivez-vous une lettre en vous demandant pardon et brûlez-la et/ou conservez-la dans un endroit sûr. Si vous éprouvez du ressentiment envers une personne, essayez ce même rituel.
- **Sortez du rôle de martyr.** Un martyr est une personne qui endosse le rôle du saint qui se sacrifie. Le seul problème de ce rôle est qu'il est alimenté par une faible estime de soi, un désir de louange et d'adoration, et l'évitement de la responsabilité personnelle. Les martyrs prendront soin de tout le monde sauf d'eux-mêmes, et auront souvent recours à une

manipulation inconsciente de ceux qui les entourent pour maintenir leur rôle.

- **Apprenez à respirer profondément.** Comme le chakra du cœur est régi par l'élément de l'air, apprendre à respirer profondément est vital. N'oubliez pas qu'il est anormal pour nous de prendre des respirations peu profondes. Plus notre respiration est profonde, plus nous introduisons d'oxygène dans nos cellules. Plus notre corps a d'oxygène, meilleures sont nos fonctions métaboliques et plus nous nous sentons détendus. Si vous souffrez de problèmes reliés au chakra du cœur tels que l'anxiété, la respiration en pleine conscience est une pratique puissante.
- **Accomplissez une chose gentille chaque jour.** Êtes-vous une personne réfléchie ? Les personnes qui ont le chakra du cœur bloqué ont tendance à se renfermer sur elles et font preuve d'un important détachement émotionnel. Afin d'ouvrir votre cœur, essayez de faire quelque chose de gentil chaque jour et de partager avec les autres. Par exemple, vous voudrez peut-être adresser un compliment à quelqu'un, dire quelque chose d'encourageant ou offrir une faveur généreuse.

LE CHAKRA DE LA GORGE

« La chose la plus importante
dans la communication, c'est d'entendre
ce qui n'a pas été dit. »

ANONYME

Expression personnelle.

JE PARLE.

Représente notre capacité à communiquer.

Symbolisme

Le chakra de la gorge symbolise l'expression de notre être profond et notre vérité personnelle. C'est le lien entre le cœur et la tête, les émotions et l'intellect. Toutes les activités d'expression artistiques sont par exemple un bon moyen pour apprendre à véhiculer nos paroles et ainsi partager au monde notre voix. C'est le moyen le plus simple et rapide de manifester nos émotions ou pensées pour ainsi les matérialiser avec des mots. Si nous nous exprimons, nous sommes alors en phase avec nous-même, nos valeurs et nos convictions ; nous évitons donc une source de stress considérable. En revanche, si nous utilisons la parole à des desseins moins honorables et que nous mentons aux autres, c'est aussi à nous que nous mentons. Si nous mentons, nous nions qui nous sommes, et entrons de fait dans une spirale où la vérité – notre vérité – est déformée.

Nom sanskrit : Vishuddi ou « purification ».

Âge de résonance : de 28 à 35 ans.

Location : intérieur et extérieur de la gorge.

Associations physiques : thyroïde, système respiratoire, dents, cordes vocales, nuque, cou, œsophage, bouche, mâchoire, gencives, hypothalamus.

Mots-clés : expression, responsabilité, communication, verbe, vérité, expression de la créativité.

Fonction sensorielle : sens de l'ouïe.

Couleur : bleu.

Minéraux : sodalite, agate bleue, saphir bleu, aiguemarine, fluorite bleue, topaze bleue, amazonite, lapislazuli, turquoise, argent.

Huiles essentielles associées : camomille bleue, cardamome, coriandre, eucalyptus, galanga, laurier noble, myrrhe, niaouli, romarin, sauge à feuilles de lavande.

Élément : éther.

Animal associé : épervier.

Plante : iris.

Métal : mercure.

Note musicale : sol.

Type de musique : opéra.

Entité angélique associée : l'Archange Gabriel, porteur du message de la Source pour Marie lui annonçant qu'elle était enceinte.

Aspect du système solaire : Mercure, la planète de la communication.

Association astrologique : les Gémeaux et la Vierge.

Mantra : Ham.

Divinité liée au chakra : la déesse Shakini Shakti.

Besoin primordial : évolution.

Le chakra en harmonie : la personne peut s'exprimer clairement, avec vérité et profondeur, avec détachement et sans émotion parasite. Le chakra de la gorge se porte bien si nous avons conscience de notre mission sur Terre, si nous sommes fidèles à nous-même, si nous savons percevoir et exprimer la vérité et si nous savons parler clairement, c'est-à-dire nous exprimer sans devoir hurler et être capable de décoder les messages de notre corps.

Qualités à développer pour harmoniser : tolérance, dévouement, compassion.

Dysfonctionnement du chakra : isolation, dépression, froideur, indifférence, timidité, égocentrisme, impatience, précipitation, manque de réflexion, rétention d'information, obsession des détails avec défaut de vision holistique, manipulation, déformation de la vérité, défaut de capacité verbale (écrite ou orale), incapacité à se faire comprendre, bavardage intempestif, problèmes au niveau des trapèzes et/ou des cervicales.

Événements qui peuvent le perturber : manque de franchise, compromis par peur d'être rejeté, hypocrisie, mensonges, envie d'embellir ou de cacher la vérité, son mal-être et être tenté de commencer mille choses en même temps.

Peurs : peur de stagner, peur de régresser.

Association au Tarot : le Bateleur

Le Bateleur est le 1er Arcane Majeur du Tarot de Marseille. C'est la carte de la manifestation à l'état pur : il apporte les outils, les ressources et l'énergie dont nous avons besoin pour réaliser nos rêves. Sur la carte, toutes les ressources spirituelles (feu ou suite de bâtons), physiques (terre ou suite de deniers), mentales (air ou suite d'épées) et émotionnelles (eau ou suite de coupes) sont à portée de main pour manifester nos désirs. D'un point de vue métaphorique, il réunit les énergies du ciel et de la terre – en analogie avec la gorge qui unit l'esprit avec le reste du corps. En combinant les énergies des royaumes spirituels et terrestres, nous obtenons la puissance de la manifestation. La clé est de rassembler ces outils de manière synergique afin que l'impact de ce que nous créons soit plus important que les parties séparées. C'est un véritable principe alchimique.

Associations signes astrologiques : Gémeaux et Vierge

Expressifs et vifs d'esprit, les Gémeaux représentent deux personnalités différentes en une seule. Ils sont sociables, communicatifs et prêts à s'amuser, avec une tendance à devenir soudainement sérieux, réfléchis et agités. Ils sont fascinés par le monde en lui-même, extrêmement curieux, et sont dotés de ce sentiment constant qu'il n'y a pas assez de temps pour vivre.

Les Vierges font toujours attention aux moindres détails et leur profond sens de l'humanité en fait l'un des signes les plus attentifs du zodiaque. Leur approche méthodique dans la vie leur garantit que rien n'est laissé au hasard, et bien qu'ils soient souvent tendres, leur cœur pourrait être fermé pour le monde extérieur à cause de cela. Ils ont un sens développé de la parole et de l'écriture, ainsi que de toutes les autres formes de communication.

Association planétaire : Mercure

Mercure représente la communication et la coordination mentale : de la façon dont nous digérons une information, à nos idées, et aux informations sensorielles que nous captons de zones conscientes ou inconscientes de notre cerveau. La planète analyse, définit et range les choses dans des catégories pour nous permettre de donner du sens à nos pensées.

Associations alimentaires

Voici les aliments naturellement associés au chakra gorge :

- **Myrtilles :** sans surprise (compte tenu de leur teinte bleue), les myrtilles sont parmi les aliments les plus puissants pour le chakra de la gorge. Elles peuvent être mélangées avec des mûres et du lait de coco pour créer un délicieux smoothie cicatrisant pour le chakra de la gorge. Essayez de le consommer lorsque vous savez qu'une conversation difficile vous attend.
- **Fruits qui poussent dans les arbres :** les pommes, les oranges et tous les autres fruits qui poussent dans les arbres sont traditionnellement associés au chakra de la gorge. Pourquoi ? En raison de l'authenticité symbolisée par ces aliments, car ils ne tombent de leur arbre que lorsqu'ils sont consommables.
- **Épices simples :** ajoutez du sel, de la citronnelle ou du gingembre dans votre assiette lorsque vous essayez de guérir le chakra de la gorge. Tous ces ingrédients favorisent une expression claire de soi.

Association numérologique : 5

L'énergie du 5 est dynamique et volatile, impulsive, sensible au moment présent. Il exprime son sentiment de liberté personnelle. Le 5 n'a pas de stabilité, ce serait contraire à sa vibration. Il aime le voyage, le changement et sera curieux de tout. Les mots sont pour lui un outil puissant et il possède une capacité incroyable pour motiver les autres. Il peut facilement se disperser et peut avoir besoin de temps avant de s'engager tant il ressent le besoin de découvrir la vie et ses merveilles. Il est adaptable, souple et adepte de sa liberté chérie. Toutefois, pour réussir, il lui faudra faire preuve de concentration et de discipline pour exploiter au maximum ses capacités. Autrement, il pourrait se complaire dans l'affabulation, le jeu, les plaisirs éphémères et le mensonge.

Affirmations liées au chakra de la gorge

- Je peux exprimer mes émotions, quelles qu'elles soient.
- Ma voix est importante dans ce monde.
- J'honore ma vraie voix et je la laisse parler.
- Je suis un·e auditeur·trice empathique et un communicateur·trice clair·e.
- Quand je parle, mes interactions sont honnêtes, mais équilibrées.
- Je peux trouver les mots justes dans toutes les situations.
- Les autres entendent ma voix.
- Je dis mes vraies pensées avec facilité.
- Je lâche le doute sur ce que j'aurais dû dire.

- Je suis toujours compris par les autres.

Méditation

- Asseyez-vous dans un endroit confortable et calme où vous ne serez pas dérangé·e ;
- Gardez votre colonne vertébrale droite et vos membres détendus ;
- Prenez dix respirations lentes et profondes ;
- Inspirez par le nez, le plus profondément possible et expirez par la bouche ;
- Imaginez une boule en rotation dans une nuance de bleu (la couleur du chakra de la gorge), et imaginez-la briller ;
- Voyez la sphère bleue devenir de plus en plus grande, en vous concentrant sur une sensation d'ouverture et de relaxation dans la gorge. Cette lueur augmentera lentement, rendant toute la zone chaude et détendue ;
- Profitez de cette sensation pendant 3 à 5 minutes ;
- Puis, ouvrez lentement les yeux. Restez en position assise quelques minutes avant de continuer votre journée.

Positions de yoga liées au chakra de la gorge

- La position du chat et de la vache, avec la respiration du lion.
- La posture de la charrue.
- La posture de la chandelle.
- La posture du poisson.

Archétypes

Positif
Le Communicant

C'est une personne qui vit en phase avec son intégrité personnelle ; elle dit la vérité du mieux qu'elle le peut, car c'est important pour elle. Cet archétype sait comment manier les mots, expliquer ses sentiments et est capable de défendre ses idées. Il sait dire « non » quand il le faut, et on peut compter sur le respect de sa parole.

Négatif
Le Muet

Cette personne ne s'exprime pas, non par peur ou par honte, mais pas parce qu'elle ne le veut pas. Elle cache souvent ses sentiments et pense que sa voix ne compte pas. Elle n'est pas en phase avec sa propre vérité et dit souvent « oui » quand elle aimerait dire « non ».

Test : votre chakra de la gorge est-il déséquilibré ?

Répondez par oui ou non.

- Suis-je bavard·e ?
- Ai-je le ressenti que je peux facilement manipuler les mots que j'utilise pour arriver à mes fins ?
- Est-ce que j'aime parler dans le dos des gens ?
- Ai-je du mal à écouter les autres avec un intérêt sincère ?
- Ai-je l'impression de manquer d'honnêteté avec les autres en général ?
- Suis-je incapable d'admettre mes propres erreurs ?
- Est-ce que je me sens obligé·e de dire des petits mensonges au quotidien ?
- Dois-je lutter pour me faire entendre ?
- Est-ce que je ressens des problèmes à exprimer ma vérité car je crains d'être ridiculisé·e ?

- Est-ce que j'ai du mal à exprimer facilement et librement mes pensées ?

Résultats :

- **5 « oui » ou plus :** attention, votre chakra gorge est déséquilibré. Vous devez prendre des mesures quotidiennes pour apprendre à l'équilibrer grâce aux exercices précédents. Vous allez y arriver.
- **3 ou 4 « oui » :** vous avez encore peu de compréhension de la puissance de votre chakra gorge et devez mettre en œuvre les exercices proposés quotidiennement pour le rééquilibrer. Encore un petit effort, vous y êtes presque.
- **2 « oui » :** votre chakra gorge est presque en équilibre, c'est une bonne nouvelle. Vous utilisez actuellement une partie de la force qui lui est attribuée, mais devez encore faire quelques ajustements pour l'équilibrer complétement. Vous êtes sur le bon chemin.
- **0 ou 1 « oui » :** vous avez une grande compréhension de votre chakra gorge et il est probablement en équilibre. Super, continuez ainsi !

Conseils pratiques pour débloquer son chakra de la gorge

- **Les sons purificateurs.** La thérapie de guérison sonore est parfaitement adaptée à la purification du chakra de la gorge. Des instruments tels que des bols chantants, des gongs et des diapasons nous influencent au niveau cellulaire en raison des vibrations spéciales qu'ils transmettent.
- **Commencez à rédiger vos pensées.** Si vous avez du mal à verbaliser vos pensées et vos sentiments, essayez de les écrire dans un journal privé. Vous pouvez utiliser des programmes en ligne comme Evernote pour enregistrer vos pensées et vos sentiments. Laissez vos pensées et vos sentiments circuler librement à travers votre stylo ou votre clavier.
- **Dites « merci » à la vie.** Parfois, nos chakras de la gorge sont bloqués parce que nos esprits sont remplis de soucis et de ressentiments. En remerciant la vie pour ce qui vous a été donné, tous vos chakras – en particulier votre chakra de la gorge – se développeront. Trouvez quelque chose pour être reconnaissant et ressentez sincèrement cette bulle de remerciement en vous.
- **Une écoute attentive.** Si votre chakra de la gorge reçoit une quantité excessive d'énergie, vous pouvez

avoir du mal à dominer les conversations et à ignorer les autres. Cette habitude peut vous causer beaucoup de problèmes avec vos amis, les membres de votre famille, votre partenaire ou vos collègues. Afin de rompre avec l'habitude, entraînez-vous à respirer par le ventre et à écouter attentivement ce que l'autre personne dit. N'oubliez pas d'observer leur langage corporel – parfois les mots d'une personne ne correspondent pas à l'énergie qu'elle transmet. Pour montrer que vous écoutez, hochez la tête, interagissez par de petits commentaires et répétez ce que dit votre interlocuteur.

- **Chantez pour vous-même.** Le chant est une belle façon d'ouvrir doucement le chakra de la gorge. Si vous vous sentez gêné, chantez tranquillement loin des autres, sous la douche.

- **Buvez de l'eau pure.** L'eau pure et propre est essentielle pour la santé de votre chakra de la gorge. Si vous pensez que votre eau est polluée par des contaminants tels que le fluorure et le chlore, pensez à investir dans un filtre à eau, dans les bâtons de charbon ou bien certaines marques d'eau minérale.

- **Passez du temps en silence.** Aussi contre-intuitif que cela puisse paraître, passer du temps en silence peut vous aider à entendre votre voix intérieure. En permettant à votre voix intérieure d'émerger, vous renforcerez votre chakra de la gorge. Les yogis font souvent des vœux de silence pour les aider à communiquer plus librement avec une conscience supérieure.

- **Massez-vous le cou.** Les massages du cou sont énormément apaisants et calmants, car ils aident à redistribuer l'énergie emprisonnée dans votre cou. Laissez-vous offrir, ou offrez-vous un massage du cou. Un coussin chauffant est également une bonne solution pour vous débarrasser de toutes les tensions accumulées.
- **Exercez-vous à vous affirmer.** Lorsque vous apprenez à dire « non » et à parler de vos besoins, vous vous sentez responsabilisé. L'assertivité est une compétence du chakra de la gorge que n'importe qui peut apprendre, même si vous êtes la personne la plus timide du monde. Et ce, devant un miroir, un ami, etc. peu importe, mais libérez votre voix.

LE CHAKRA DU TROISIÈME ŒIL

« L'intuition est une capacité spirituelle, et n'explique rien, elle montre juste le chemin. »

FLORENCE SCOVEL SHINN, AUTRICE AMÉRICAINE D'OUVRAGES SUR LA SPIRITUALITÉ.

Intuition et sens de la vie.

JE VOIS.

Représente notre habilité à nous concentrer et avoir une vision globale.

Symbolisme

Le troisième œil symbolise les prises de conscience, l'intuition et la clairvoyance. C'est grâce à lui que nous avons la capacité de prendre conscience des choses qui nous arrivent. C'est souvent un œil qui symbolise les mystères et l'illumination. Le troisième œil est une porte vers le divin. Grâce à lui, nous pouvons réveiller qui nous sommes réellement et écouter notre voix intérieure, décider de nos actes sur la base de nos expériences personnelles, et non pas ceux décidés par la société et enfin comprendre le principe de la foi. En adoptant une nouvelle vision de la vie, en comprenant nos erreurs du passé et en essayant de briser les schémas de répétition, nous pouvons ainsi progresser sur nous-même pour en devenir la meilleure version.

Nom sanskrit : Ajna ou « percevoir, savoir ».

Âge de résonance : de 35 à 42 ans.

Location : sur le front, entre les deux sourcils.

Associations physiques : glande pituitaire, yeux, sinus, glandes endocrines.

Mots-clés : esprit, holistique, inspiration, intuition, maîtrise, révélation.

Fonction sensorielle : la perception des autres dimensions.

Couleur : indigo.

Minéraux : améthyste, lapis-lazuli, fluorite violette, labradorite, saphir, tanzanite.

Huiles essentielles associées : aneth, armoise, camphre, cypriol, épinette blanche, hélichryse italienne, héliotrope, romarin à verbénone, sauge officinale.

Animal associé : antilope noire.

Plante : fleur d'amandier.

Métal : argent.

Note musicale : la.

Type de musique : classique, en particulier la musique de Mozart.

Entité angélique associée : Shekhinah, l'aspect féminin de Dieu, qui nous aide à voir la lumière intérieure en chaque chose.

Aspect du système solaire : la Lune, la planète des émotions et le Soleil, l'affirmation de la conscience.

Association astrologique : le Cancer et le Lion.

Mantra : Om.

Divinité liée au chakra : Hakini Shakti.

Besoin primordial : contribution.

Le chakra en harmonie : la personne peut développer son intuition, son intelligence, sa lucidité, sa sensibilité, sa patience, sa tolérance, sa confiance, sa capacité de visualisation et toutes les facultés médiumniques.

Qualités à développer pour harmoniser : amour inconditionnel, compassion, indulgence, gratitude, foi, certitude qu'il existe une loi universelle.

Dysfonctionnement du chakra : manifestation excessive du mental, besoin de posséder, attachement, colère, agacement, indifférence, ennui face à autrui, perception des effets négatifs en premier, apitoiement sur son sort, dépression, insatisfaction permanente, intellectualisation excessive, doute, dogmatisme, manque de structure et de planification, manque d'intuition et de visualisation, manque de réceptivité dans ses liens affectifs. Au niveau physique, cela peut se traduire par des pertes de mémoire, des troubles visuels, des migraines et des sinusites.

Événements qui peuvent le perturber : choc émotionnel, réflexion excessive, manque de confiance en soi, dépendance émotionnelle, soumission à une autorité.

Peurs : peur de faillir à sa mission et sa vocation, peur de se disperser.

Association au Tarot : le Pendu

Le Pendu est le 12e Arcane Majeur du Tarot de Marseille. Il nous rappelle que nous devons parfois tout mettre en attente avant de pouvoir passer à l'étape suivante, ou l'Univers le fera à notre place. Il nous appelle à libérer les anciens modèles mentaux et schémas comportementaux qui ne nous servent plus, afin de voir le monde sous un nouvel angle et saisir de nouvelles opportunités qui nous auraient autrement été cachées si nous n'avions pas freiné nos ardeurs. Ces « pauses » peuvent être volontaires ou involontaires. Si nous sommes en phase avec notre intuition, nous saurons de façon intuitive quand il est temps de mettre les choses en attente – avant qu'elles ne deviennent incontrôlables. Toutefois, si nous ne sommes pas en alignement ni conscients de ces signes, l'Univers mettra probablement les choses en suspens, sous forme d'obstacles continus. Lorsque nous sentons venir cette pause forcée, écoutons-la, sinon l'Univers se chargera de nous mettre des bâtons dans les roues jusqu'à ce que nous apprenions la leçon.

Associations signes astrologiques : Cancer et Lion

Profondément intuitif et sentimental, le Cancer peut être l'un des signes du zodiaque les plus difficiles à comprendre. Il est très émotif et sensible, et se soucie profondément des problématiques autour de la famille et du foyer. Il est fidèle et capable de témoigner de la compassion pour la douleur et la souffrance des autres.

Les personnes nées sous le signe du Lion sont des leaders naturels. Elles sont créatives, sûres d'elles et capables de réaliser tout ce qu'elles veulent dans n'importe quel domaine de leur vie. Confiant et charismatique, c'est un signe capable d'unir différents groupes de personnes pour les conduire ensemble vers une cause commune.

Associations planétaires : la Lune et le Soleil

La Lune est associée à la mère, l'enfant intérieur, la famille et à l'énergie féminine en général. C'est le médiateur entre notre monde intérieur et le monde extérieur. Alors que le Soleil est dans la rationalité des choses, la Lune est irrationnelle. C'est le siège de notre intuition, quand nous savons ce que nous voulons dire, mais que nous avons du mal à le formuler. Notre Lune le sait et notre Soleil agit. Ce sont toutes ces choses que nous savons sans réfléchir : pressentiments, intuition, instinct. Quand nous laissons agir les énergies de la lune, nous pouvons être imaginatif·ve·s, créatif·ve·s, sentimentaux·ales et adaptables.

Le Soleil, celui qui donne la vie, représente notre esprit conscient en astrologie. Il représente notre volonté de vivre et la puissance de notre force de vie créative. Tout comme les planètes tournent autour du Soleil dans le système solaire, c'est également la planète qui donne tout son sens à un thème natal. Le Soleil est notre ego, mais aussi l'adulte en nous, celui qui va censurer notre enfant intérieur, qui raisonne et prend les décisions finales. Le Soleil est notre identité de base, représentant la réalisation de soi. Lorsque l'on nous pose la question « Qui es-tu ? », nos réponses incarneront probablement une description de notre Soleil.

Associations alimentaires

Voici les aliments naturellement associés au chakra du troisième œil :

- **Chocolat noir :** si vous aimez le chocolat noir, n'hésitez pas à en manger autant que vous le souhaitez lorsque vous essayez d'ouvrir le troisième œil. On dit qu'il aide à améliorer la clarté mentale et à augmenter la concentration. C'est une excellente source de magnésium déstressant et qui, en prime, favorise la libération de sérotonine (neurotransmetteur qui intervient dans la régulation de l'humeur et de l'émotivité), vous apportant de la bonne humeur.

- **Tous les aliments violets :** étant donné que le violet est la couleur du troisième œil, tous les aliments violets favorisent son équilibre. Parmi les meilleurs exemples, citons l'aubergine, le chou violet, les raisins rouges, les bleuets et les mûres.
- **Oméga-3 :** les aliments riches en oméga-3 – comme les noix, le saumon, les graines de chia et les sardines – peuvent améliorer la fonction cognitive et ainsi aider à garder votre chakra du troisième œil ouvert.

Association numérologique : 6

La personnalité du chiffre 6 représente son besoin d'assurer le bien-être des autres – de créer la sécurité et l'harmonie –, d'aimer et d'être aimé. Les personnes influencées par les vibrations 6 sont des êtres en harmonie avec les qualités féminines d'intuition et d'amour, autant les hommes que les femmes. Ces personnes tirent leur plus grande joie à prendre soin de tout le monde et elles se sentent le plus utiles lorsqu'elles aident les autres. La personne influencée par le numéro 6 apportera toujours réconfort et aide en cas de besoin, car elle est motivée par un sens du devoir envers son prochain et trouve sa joie à servir les autres. Le numéro 6 donne aux personnes reliées à lui la possibilité de développer une idée claire du bien et du mal, et des conséquences qui relient les causes et les effets. Les 6 auront de nombreuses occasions dans leur vie de prendre leurs responsabilités et d'être au service de l'humanité. L'énergie du 6 poussera la personne à se battre pour ses idéaux et ses principes, et c'est souvent quelqu'un de profondément préoccupé par la condition humaine. La profondeur d'émotion du 6 est la plus grande de tous les nombres. Ils sont intuitifs et sérieux, et possèdent une grande connaissance intérieure.

Affirmations liées au chakra du troisième œil

- Je suis et comprends l'exemple de mon professeur intérieur.
- Je sais comment prendre les bonnes décisions, et je le fais avec facilité.
- J'entends mes intuitions et je sais qu'elles me conduiront à mon but.
- Je suis sur mon véritable chemin.
- Je vis tous les jours conformément à ma mission de ma vie.
- Je fais confiance aux conseils que me donne mon troisième œil.

- J'ai des ressources illimitées à ma disposition.
- Je suis une personne intuitive et je sais ce qui me convient.
- Il est bon de suivre les conseils de mon troisième œil.
- Mon troisième œil est ouvert et prêt à voir mon but.

Méditation

- Asseyez-vous dans un endroit confortable et calme où vous ne serez pas dérangé ;
- Gardez votre colonne vertébrale droite et vos membres détendus ;
- Prenez dix respirations lentes et profondes ;
- Inspirez par le nez, le plus profondément possible et expirez par la bouche ;
- Concentrez votre attention sur l'emplacement du chakra du troisième œil, imaginez une sphère d'énergie violette au milieu de votre front ;
- Pendant que vous continuez à respirer lentement et profondément, imaginez la boule d'énergie violette grossir et se réchauffer. Puis, imaginez qu'elle purge la négativité de votre corps ;

- Pensez à vous-même en train d'absorber l'énergie du chakra du troisième œil ;
- Cette lueur augmentera lentement, rendant toute la zone chaude et détendue ;
- Profitez de cette sensation pendant 3 à 5 minutes ;
- Puis, ouvrez lentement les yeux. Restez en position assise quelques minutes avant de continuer votre journée.

Positions de yoga liées au chakra du troisième œil

- La posture de l'enfant.
- La posture des pieds écartés.
- La technique de respiration alternée.
- La posture du dauphin.

Archétypes

Positif
Le Sage

Cet archétype a cultivé la sagesse et offre son expérience à son entourage pour assister les autres sur le chemin de la vie. Il initie les quêtes spirituelles, les aventures du monde matériel et nous conseille toujours dans nos choix. Il vit selon les principes universels de la Source et s'en remet à elle pour le guider.

Négatif
L'Intellectuel

Cet archétype exploite uniquement les informations qu'il considère comme rationnelles et analytiques qui proviennent de sa pensée. Il ne tient pas compte des aspects émotionnels de la vie et porte rarement un jugement holistique sur une situation donnée. Sa pensée et son champ d'action sont limités car il se fie uniquement aux idées conventionnelles, et perd ainsi en marge de manœuvre.

Test : votre chakra du troisième œil est-il déséquilibré ?

Répondez par oui ou non.

- Est-ce que votre esprit est sans cesse en train d'osciller entre le passé et/ou le futur ?
- Avez-vous du mal à apprendre de vos erreurs passées ?
- Manquez-vous d'autodiscipline ?

- Avez-vous du mal à vous souvenir d'informations importantes à court terme ?
- Craignez-vous le succès et la reconnaissance ?
- Est-il difficile pour vous de faire confiance à votre intuition ?
- Ressentez-vous le besoin de vous imposer par votre savoir ?
- Êtes-vous rigide dans vos opinions ?
- Est-ce que vous vous fiez plutôt à l'intellect et aux choses dites « tangibles » ?
- Souffrez-vous de problèmes de vision ?
- Avez-vous des maux de tête ou des migraines fréquents ?
- Rencontrez-vous des problèmes d'audition inexpliqués ?
- Éprouvez-vous des difficultés à vous endormir ?

Résultats :

- **5 « oui » ou plus :** attention, votre troisième œil est déséquilibré. Vous devez prendre des mesures quotidiennes pour apprendre à l'équilibrer grâce aux exercices précédents. Vous allez y arriver.

- **3 ou 4 « oui » :** vous avez encore peu de compréhension de la puissance de votre troisième œil et devez mettre en œuvre les exercices proposés quotidiennement pour le rééquilibrer. Encore un petit effort, vous y êtes presque.
- **2 « oui » :** votre troisième œil est presque en équilibre, c'est une bonne nouvelle. Vous utilisez actuellement une partie de la force qui lui est attribuée, mais devez encore faire quelques ajustements pour l'équilibrer complétement. Vous êtes sur le bon chemin.
- **0 ou 1 « oui » :** vous avez une grande compréhension de votre troisième œil et il est probablement en équilibre. Super, continuez ainsi !

Conseils pratiques pour débloquer son chakra du troisième œil

- **Explorez différentes perspectives et points de vue.** Un problème important associé à un chakra du troisième œil bloqué apporte la sensation d'être rigide et fermé dans sa façon de penser… Même si cela semble un peu bizarre au début, essayez d'être curieux à propos d'autres perspectives et modes de vie.
- **Connectez-vous à la réalité qui vous entoure en pleine conscience.** Notre troisième œil fonctionne mieux lorsqu'il est ancré dans le concret. Le cas

contraire, vous courrez le risque de vous perdre très facilement dans la fantaisie et l'illusion. Essayez de ressentir votre corps et les choses qui vous entourent. Se concentrer sur sa respiration aide beaucoup pour revenir à l'instant présent.

- **Sortez au soleil.** Comme l'élément du chakra du troisième œil est léger, votre esprit pourrait vous sembler plus clair si vous sortiez davantage. Si vous vivez dans une région où le climat est froid ou que la luminosité est faible, essayez la luminothérapie si la lumière naturelle du soleil n'est pas une option facilement réalisable. Sur le plan physique, la lumière réveille la glande pinéale, ce qui améliore la fonction du troisième œil.

- **Explorez vos croyances limitantes.** L'une des principales causes de dysfonctionnement du troisième œil est la limitation des croyances fondamentales. Ce sont les convictions centrales que nous avons sur nous-même qui nous font ressentir de la peur, de l'insécurité et du dégoût de soi. Les croyances de base communes comprennent « Je n'en vaux pas la peine », « Je suis une mauvaise personne » et « Je mérite d'être puni ». En découvrant vos croyances limitantes cachées, vous pourriez considérablement améliorer votre santé mentale.

- **Analysez-vous.** L'autoréflexion est une compétence importante à développer, qui contribue à augmenter votre conscience de soi. Essayez de réfléchir chaque jour à vos pensées et sentiments (par exemple en les consignant dans un cahier). Essayez de comprendre et d'analyser d'où viennent vos croyances et pourquoi vous vous comportez de différentes manières.

- **Devenez un observateur actif de vos pensées.** Essayez la méditation *Vipassan*. C'est un type de méditation qui implique d'apprendre à surveiller votre esprit et à observer vos pensées. La principale raison pour laquelle le chakra du troisième œil est bloqué est que nous croyons les pensées qui passent dans notre tête et que nous nous identifions à elles. Lorsque nous apprenons à observer simplement nos pensées, nous pouvons découvrir qu'elles sont temporaires et spontanées : elles ne signifient rien pour nous à moins que nous ne leur attribuions un sens précis.

- **Recherchez la signification de vos rêves.** Vos rêves sont riches en symboliques et expriment vos peurs, vos désirs et vos besoins inconscients. Le troisième œil est chargé de vous aider à interpréter vos rêves, alors entraînez-vous à réfléchir sur leur sens chaque matin pendant environ dix à quinze minutes. N'oubliez pas que les dictionnaires des rêves ne peuvent pas vous fournir les significations précises et nuancées dont vous avez besoin. Bien qu'il soit tentant d'en utiliser un, voyez si vous pouvez essayer de découvrir par vous-même le sens véhiculé dans vos rêves. Des leçons et des messages importants sont souvent transmis par le monde des rêves.

- **Observez une bougie.** Également appelée *Trataka* dans le Hatha Yoga, regarder la flamme d'une bougie fixement est un moyen puissant d'ouvrir votre troisième œil. Essayez d'intégrer la respiration consciente dans cette pratique pour stimuler le flux d'énergie dans votre corps. Comment faire ? Allumez une bougie et placez-la à 10 ou 20 cm devant vous, au niveau des yeux. Gardez votre vision concentrée sur la flamme et observez ce qu'il se passe. C'est également le moment propice pour poser une intention.

LE CHAKRA CORONAL

« Connaître les autres, c'est sagesse.
Se connaître soi-même, c'est sagesse supérieure. »

LAO TSEU, PHILOSOPHE CHINOIS

Connexion au divin.

JE COMPRENDS.

Représente notre capacité à être connecté spirituellement.

Symbolisme

Si le chakra coronal est bien ouvert, nous arrivons plus facilement à percevoir les signes de l'Univers comme les synchronicités[5] et autres coïncidences. Nous pouvons aussi décoder les leçons que nous apprenons sur le chemin de la vie pour en faire quelque chose de constructif. C'est l'état de conscience le plus élevé car c'est la concrétisation du travail sur tous les autres chakras, celui de nos besoins fondamentaux. Dès l'atteinte de cet état d'harmonie, nous sommes en mesure d'apprécier la perfection divine dans toute sa splendeur : le sourire d'un enfant, le bourdonnement d'une abeille près d'un bouquet de lavande, etc. En déséquilibre, il nous pousse dans nos croyances et projections négatives, mais il ne tient qu'à nous de renverser la vapeur et de mettre en place un système de visualisations positives dans notre esprit.

Nom sanskrit : Sahasrara ou « le lotus à mille pétales ».

Âge de résonance : de 42 à 49 ans.

Location : sur le sommet du crâne.

Associations physiques : glande pinéale, cerveau, système nerveux.

5. Synchronicité : c'est la rencontre entre l'espace et le temps, pour nous rappeler que tout est interconnecté et lié. Ce sont des « coïncidences », des « heureux hasards » qui sont dans la répétition, et donc étrangers à notre normalité nous permettant de prendre conscience du monde invisible.

Mots-clés : âme, dévouement, lâcher-prise, connexion avec le divin, félicité inconditionnelle, grâce, beauté, sérénité.

Fonction sensorielle : la pensée.

Couleur : violet.

Minéraux : améthyste, cristal de roche, diamant, opale blanche.

Huiles essentielles associées : cèdre, cyprès, encens, lavande, lotus, manuka, myrrhe, rhododendron, violette.

Animal associé : aigle.

Plante : fleur de lotus.

Métal : platine.

Note musicale : si.

Type de musique : ragas indiens.

Entité angélique associée : la Lumière du Christ, lumière pure et rayonnante et connectée à la Source.

Aspect du système solaire : l'Univers.

Association astrologique : il n'y a pas d'association astrologique car ce chakra représente la transcendance et l'illumination.

Mantra : le silence.

Divinité liée au chakra : Maha Shakti.

Besoin primordial : unicité, connexion.

Le chakra en harmonie : les personnes en harmonie avec ce chakra sont inspirées, souples et ouvertes d'esprit. Elles possèdent un goût prononcé pour la spiritualité, une facilité verbale, une capacité d'enseigner, un respect de soi et un bon sens de l'orientation. Ce chakra réceptionne la force divine et ouvre l'accès à la conscience cosmique. Il permet de nous libérer de notre mental, notre ego, notre corps physique et des réalités matérielles et émotionnelles. Il permet de surmonter les ancrages, les croyances et les schémas accumulés par le système éducatif.

Qualités à développer pour harmoniser : douceur, contribution au bien communautaire, patience, compréhension, acquisition et intégration de la connaissance et humilité.

Dysfonctionnement du chakra : orgueil, ambition démesurée, arrogance, abus de pouvoir, dépression, mythomanie, intolérance, attitude froide et distante, chaos mental, superstition, besoin excessif de reconnaissance, irritabilité, impatience, refus des responsabilités, isolation, besoin de tout contrôler, insomnie, dispersion, manque de dignité et de respect de soi-même, sentiment d'infériorité physique et psychique, articulations douloureuses et rigides.

Événements qui peuvent le perturber : stagnation dans le passé, situation de deuil, choc émotionnel.

Peurs : peur de la séparation, peur de la solitude.

Association au Tarot : l'Hermite

L'Hermite est le 9e Arcane Majeur du Tarot de Marseille. Il montre la volonté de faire une pause dans la vie quotidienne pour vous concentrer sur votre énergie et votre attention vers l'intérieur de vous-même, et trouver les réponses que vous cherchez au plus profond de votre âme. Vous réalisez que le sens profond de la vérité et de la connaissance est en vous, et non dans les distractions du monde extérieur. Vous laissez derrière vous le quotidien et les banalités, pour vous lancer dans un voyage de découverte de soi, mené uniquement par votre sagesse intérieure et votre lumière. C'est le moment idéal pour la contemplation de vos valeurs et principes personnels pour vous rapprocher de votre moi profond. L'Hermite vous invite à vous retirer dans votre monde intérieur et, de ce fait, vous fait ressentir un profond sentiment d'isolement et d'introspection. Vous savez que vous devez entreprendre ce voyage initiatique seul·e ou avec un petit groupe intime de personnes intéressées par le côté spirituel. Lorsque vous vous permettez de vous brancher à votre intuition, vous entendrez les réponses dont vous avez besoin et développerez sagesse et maturité. Trouvez votre lumière, faites-la briller et créez votre propre chemin.

Association planétaire

L'Univers est Tout. Il comprend l'espace et toute l'énergie et la matière possibles. Il peut également inclure le Temps, qui est relatif, et inclut bien sûr l'Humain. Toutes les étoiles, toutes les galaxies, toutes les planètes et tout ce que nous n'avons pas encore découvert est compris dans l'Univers. C'est le Tout et le Rien.

Associations alimentaires

Voici les aliments naturellement associés au chakra coronal :

- **Aliments violets :** les aubergines et les raisins rouges sont les aliments privilégiés du chakra coronal car ils correspondent à sa couleur principale. Le fruit de la passion est une autre excellente option.
- **Gingembre :** les vertus digestives de cette épice pourraient aider à favoriser la clarté spirituelle en stimulant la digestion. Cru, mixé ou en poudre, à vous de jouer.
- **Tisanes :** les tisanes peuvent réduire les blocages dans le chakra coronal et favoriser la clarté spirituelle. La

menthe poivrée est probablement la meilleure option et possède l'avantage supplémentaire de permettre un meilleur confort digestif et d'apaiser les migraines.

Le chakra coronal étant purement spirituel, certains experts recommandent la pratique du jeûne pour accéder à une limpidité mentale et mieux se connecter au divin. **Attention toutefois, pratiquez le jeûne avec précaution et demandez conseil à un médecin si besoin.**

Association numérologique : 7

Le chiffre 7 est le nombre de l'esprit. Il est fortement influencé par une énergie d'introspection et pourra accéder à sa sagesse intérieure plus facilement que les personnes obnubilées par des préoccupations matérielles. Quand les personnes sont alignées avec l'essence vibratoire du 7, elles ont tendance à être attirées par la spiritualité, mais font également preuve d'esprit d'analyse et de perspicacité. Ces qualités les rendent souvent susceptibles d'exceller dans des domaines académiques, généralement contradictoires avec la spiritualité, comme les mathématiques et les sciences. Le 7 a tendance à être astucieux et capable d'analyser les problèmes pour trouver des solutions viables. C'est également le nombre le plus introspectif de tous et aborde généralement ses interactions avec les autres comme une occasion d'apprendre, d'étudier l'environnement et d'assimiler leurs actions et réactions.

Affirmations liées au chakra coronal

- Je suis constamment connecté·e à mon moi divin.
- Nous sommes tous incarnés sur cette Terre pour apporter du changement.
- Je suis à l'écoute de l'énergie divine de l'Univers.
- Je connais ma propre vérité spirituelle et je vis en accord avec elle.
- Aujourd'hui, je suis ouvert·e à la guidance divine.
- Je vois la beauté du monde et je la vis profondément.
- Avec amour, j'émets une lumière qui attire d'autres personnes et qui apportera de l'amour dans ma vie.
- Je suis amour, je suis léger·e et je suis joie.
- Je ne fais qu'un·e avec le monde qui m'entoure.
- Je suis confiant·e, heureux·se et sûr·e de ma valeur.

Méditation

- Asseyez-vous dans un endroit confortable et calme où vous ne serez pas dérangé ;

- Gardez votre colonne vertébrale droite et vos membres détendus ;
- Prenez dix respirations lentes et profondes ;
- Inspirez par le nez, le plus profondément possible et expirez par la bouche ;
- Mettez vos mains sur vos genoux et tournez vos paumes vers le ciel. Cette position s'appelle « *mudra* » et vous aide à recevoir de l'énergie ;
- Imaginez un lotus au sommet de votre tête. Alors que vous continuez à respirer lentement, visualisez les pétales de lotus se déployer pour vous montrer une lumière violette brillante qui est la couleur du chakra coronal ;
- Imaginez que la lumière devienne de plus en plus brillante, réchauffant le haut de votre tête ;
- Laissez cette chaleur se propager vers le bas, puis dans tout votre corps ;
- Profitez de cette sensation pendant 3 à 5 minutes ;
- Puis, ouvrez lentement les yeux. Restez en position assise quelques minutes avant de continuer votre journée.

Positions de yoga liées au chakra coronal

- La posture reine.
- La posture du cadavre.
- La posture du demi-lotus.
- La posture de l'arbre.

Archétypes

Positif
Le Gourou

Cet archétype sait qu'il est d'essence divine, qu'il ne fait qu'Un avec la Source et qu'elle coule en lui. Il est en paix, dans l'acceptation et laisse la vie bouger en lui et l'emmener aux tréfonds de sa conscience.

Négatif
L'Égotiste

Cet archétype pense que tout ce qui lui est arrivé dans la vie est le fruit de ses efforts, ou de sa malchance. Il ne peut croire en une force divine supérieure qui dépasse son schéma de croyance et son entendement. Il est prisonnier du monde matériel et de sa raison.

Test : votre chakra coronal est-il déséquilibré ?

Répondez par oui ou non.

- Préférez-vous faire confiance à votre mental plutôt qu'à votre voix intérieure ?
- Vous sentez-vous déconnecté·e de tout rapport au divin ?
- Faites-vous régulièrement des rêves étranges/embarrassants ?
- Votre venue au monde manque-t-elle de sens à vos yeux ?
- Pouvez-vous imaginer votre vie sans une pratique spirituelle ?
- Est-ce que votre leitmotiv dans la vie est « chacun pour soi » ?
- Vous sentez-vous souvent abandonné·e par une puissance supérieure ?
- Ressentez-vous un attachement irrationnel pour les possessions/relations ?
- Vous sentez-vous supérieur·e à la moyenne de la population ?

- Êtes-vous sujet·te à la dépression ?
- Ressentez-vous souvent une fatigue extrême ?

Résultats :

- **5 « oui » ou plus :** attention, votre chakra coronal est déséquilibré. Vous devez prendre des mesures quotidiennes pour apprendre à l'équilibrer grâce aux exercices précédents. Vous allez y arriver.
- **3 ou 4 « oui » :** vous avez encore peu de compréhension de la puissance de votre chakra coronal et devez mettre en œuvre les exercices proposés quotidiennement pour le rééquilibrer. Encore un petit effort, vous y êtes presque.
- **2 « oui » :** votre chakra coronal est presque en équilibre, c'est une bonne nouvelle. Vous utilisez actuellement une partie de la force qui lui est attribuée, mais devez encore faire quelques ajustements pour l'équilibrer complétement. Vous êtes sur le bon chemin.
- **0 ou 1 « oui » :** vous avez une grande compréhension de votre chakra coronal et il est probablement en équilibre. Super, continuez ainsi !

Conseils pratiques pour débloquer son chakra coronal

- **Méditez, méditez, et encore méditez.** Pour beaucoup, la pratique de la méditation en tant qu'outil spirituel est devenue ancienne et s'apparente à un cliché. Mais il y a une raison pour laquelle la méditation est si souvent recommandée : cela fonctionne ! Et pour la guérison du chakra coronal, la méditation est probablement la technique la plus importante que vous puissiez utiliser pour équilibrer ce centre d'énergie sacré. Il existe d'innombrables techniques de méditation, allant des techniques de respiration aux mantras, en passant par des visualisations colorées. Trouvez celle qui vous convient pour accéder au calme à l'intérieur de vous-même.

- **Arrêtez de croire vos pensées.** Vous pourriez dire : « Mais je suis mes pensées ! » C'est là une erreur fondamentale de compréhension. Comment pouvons-nous être nos pensées si nous ne les contrôlons pas ? Essayez ce petit exercice : asseyez-vous dans un endroit calme et mettez-vous dans un état méditatif. Commencez à remarquer toutes les pensées qui traversent votre esprit. Avez-vous délibérément créé ces pensées ? Avez-vous planifié ou créé l'une d'elles intentionnellement ? En vous observant, vous vous rendrez compte que vous ne créez en fait aucune de vos pensées. Elles surgissent juste spontanément des méandres de votre esprit. *Par conséquent, comment pouvez-vous être vos pensées ?* De plus, qu'est-ce qui observe ces pensées ? La force qui est témoin de ces pensées (et oublie que c'est le témoin) est votre Essence Fondamentale.

- **Cultivez-vous.** Ouvrez votre chakra coronal en élargissant votre esprit et en sortant de votre schéma de pensées limitantes. Lisez des livres, regardez des vidéos et écoutez des podcasts sur des sujets liés au développement personnel. Dressez une liste de tous les domaines d'ignorance ou de préjugés que vous pourriez avoir sur un sujet (et bravo, car c'est très courageux d'être honnête avec soi-même) et approfondissez vos connaissances dans ces domaines. Socrate a confessé un jour : « Je sais que je ne sais rien ». En d'autres termes, plus vous vous éduquez, plus vous développez une forme d'humilité sur votre façon de voir la vie et l'ouverture d'esprit que vous avez envers vous-même et les autres.
- **Nettoyez votre environnement.** Sans être minimaliste, vous pouvez réduire l'encombrement dans votre vie. Il a été prouvé qu'un excès d'effets personnels et de désordre engendrait une détresse mentale et émotionnelle. Parcourez votre maison et créez trois tas : ce que vous souhaitez conserver, ce que vous souhaitez donner et ce que vous souhaitez jeter.

En nettoyant et en simplifiant votre environnement, vous formez également le même type de purification à l'intérieur de vous-même. Ce processus de nettoyage de votre environnement extérieur libère énergiquement de l'espace dans votre esprit et contribue grandement à la guérison de votre chakra coronal.

- **Expérimentez le pouvoir de la prière.** La prière n'a pas à être forcément liée à la religion. Vous pouvez prier tout ce en quoi vous croyez : que ce soient vos guides spirituels, vos ancêtres, Dieu / Déesse, l'Univers, la Vie, l'esprit ou l'âme. La prière est très simple, mais aussi extrêmement bénéfique. La gratitude que nous ressentons lorsque nous rendons grâce (qui est simplement une fonction de la prière) a été scientifiquement prouvée comme largement bénéfique pour la santé. La prière établit également un pont énergétique entre vous et votre chakra coronal. Plus vous priez, plus votre chakra coronal est ouvert à l'Éternel. D'une certaine manière, la prière peut être perçue comme la clé qui ouvre la porte à une conscience supérieure.
- Soyez ouvert aux conseils. Recherchez les synchronicités, les signes, la communication de l'Esprit. Des signes se produisent tout le temps autour de vous, mais vous devez simplement y être ouvert pour les recevoir. Le cynisme rompt le lien entre votre esprit, votre corps, votre âme et votre environnement.

Accordez le bénéfice du doute. Quelles croyances négatives vous poussent à vous fermer ? Croyez-vous que vous ne soyez pas digne d'aide ? La plupart du cynisme provient de l'insécurité et d'un sentiment d'inutilité. Explorez ce sentiment de faible estime de soi et travaillez pour le surmonter. L'aide divine nous est fournie de manière subtile et nuancée pour nous aider à renforcer notre conscience. Profitez de chaque jour pour chercher l'aide que l'Univers vous offre.

CHAPITRE 3

—

POUR ALLER PLUS LOIN

LES DIFFÉRENTES TECHNIQUES DE PROTECTION ÉNERGÉTIQUE

Bien que nous soyons des êtres énergétiques, il est important de nous concentrer sur les différentes façons de nous protéger sur un plan énergétique. Quand nous sommes dans un environnement inconnu, quand marchons dans la rue, quand nous rencontrons des gens, sans nous en rendre compte, tous nos chakras sont ouverts et réceptifs. Si nous ne prêtons pas attention, nous deviendrons vite drainé·e·s et épuisé·e·s car nous n'aurons pas su mettre des limites énergétiques. À chaque interaction avec autrui (et ce, même à distance), vous échangez de l'énergie, et certaines énergies négatives peuvent envahir votre espace personnel. Protéger de façon générale ses énergies est assez simple : il suffit de vous assurer que votre sommeil est suffisant, que vous avez une bonne hygiène de vie et que vous pratiquez régulièrement de l'exercice. Avant de commencer votre rituel de protection énergétique, veillez à être toujours dans un état d'esprit positif. La peur agit comme un aimant sur les énergies négatives et les « sangsues » affectives. Si vous redoutez de faire ces exercices seul·e·s, alors il est conseillé de consulter un·e énergéticien·ne qui saura vous offrir une protection énergétique efficace.

Voici 7 conseils pour apprendre à se protéger de façon simple dans son quotidien.

1. Exercez une hygiène énergétique quotidienne

Au quotidien, il est bénéfique de nettoyer vos corps énergétiques tels que l'aura, les chakras, les méridiens et la *Kundalini*. Par cela, vous vous assurez de garder vos corps énergétiques non seulement clairs, mais aussi forts et fonctionnels. Cela augmentera la capacité de votre corps à vous garder énergiquement fort. Cette visualisation est recommandée quand vous sortez de chez vous le matin ou à chaque fois que vous allez à l'extérieur. Pour cela, imaginez qu'une bulle transparente entoure lentement votre corps. Ensuite, visualisez pendant 10 minutes une belle lumière blanche qui vienne la colorer et se déposer dessus. C'est votre bouclier de protection énergétique. Répétez également cette visualisation à chaque retour à votre domicile.

2. Construisez-vous une aura puissante

Votre aura possède plusieurs fonctions, dont l'une des principales étant la protection énergétique. C'est un bouclier naturel qui vous entoure où que vous alliez.

L'aura agit comme un filtre en maintenant à distance les énergies inutiles. Il existe plusieurs techniques que vous pouvez utiliser pour garder votre aura en bonne santé grâce à la guérison énergétique, à la méditation et à l'intention. Voici une technique de visualisation simple à réaliser pour se construire une aura forte. Imaginez pendant 15 minutes que votre aura se dilate dans un beau halo de lumière dorée. Au fur et à mesure qu'elle se développe, vous la sentez devenir plus forte et plus lumineuse. Toutes les énergies parasites seront supprimées et votre aura sera plus grande et plus puissante. Répétez cette visualisation à chaque fois que vous en ressentez le besoin.

3. Coupez les cordons éthériques qui ne vous servent plus

Des cordes éthériques se forment lorsque nous interagissons avec des personnes, des choses et même des lieux. Ce sont des éléments essentiels pour s'assurer d'avoir des relations et des connexions saines avec notre entourage. Lorsque les cordons éthériques ne servent pas ou plus, vous vous rendrez compte que quelqu'un, quelque chose ou qu'un endroit épuise votre énergie vitale. Cet effet drainant n'est pas seulement préjudiciable à votre vitalité, il peut également offrir un accès direct à vos corps énergétiques à partir de la source du cordon. Cela peut vous rendre vulnérable au contrôle et aux attaques énergétiques. Le moyen le plus simple de couper les cordons qui ne servent pas est de croiser vos bras sur votre poitrine, tout en posant l'intention de les couper. Il existe aussi une technique bien connue des praticien·ne·s d'arts martiaux, qui conseillent de placer le bout de sa langue à plat contre le palais comme protection énergétique contre quelqu'un.

Vous pouvez également tester la méthode des petits bonhommes allumettes.

Pour ce faire, munissez-vous d'une feuille de papier et d'un stylo. Dessinez un bonhomme à votre effigie, puis un second qui représente la personne (situation, endroit, etc.) avec qui vous voulez couper les liens. Reliez les deux bonhommes par des lignes qui rejoignent les 7 chakras.

Ensuite posez l'intention dans votre tête, ou à voix haute, afin de vous défaire des liens toxiques qui vous lient. Puis, découpez la feuille de papier au milieu. Vous pouvez également la brûler si vous le souhaitez. Enfin, soufflez et lâchez prise sur votre intention première.

4. Posez des intentions de protection énergétique quotidienne

Les techniques de protection énergétique peuvent également être associées au pouvoir de l'intention. Il peut être utile d'utiliser l'intention chaque jour pour inclure une protection énergétique dans votre quotidien par exemple. Il n'est pas nécessaire que ce soit une intention complexe, car la meilleure approche reste souvent sincère et directe. Voici quelques exemples d'intention que vous pouvez poser à haute voix, ou dans votre tête :

« Je suis énergiquement protégé·e dans tout ce que je fais » ;

« Je n'ai pas peur des énergies négatives » ;

« Je suis entouré·e d'une bulle d'amour et de protection » ;

Je vous encourage à utiliser une d'intention qui résonne en vous, alors n'hésitez pas à modifier ces exemples à votre convenance.

5. Prenez des bains avec du sel

Les bienfaits de l'eau, et par extension des bains, ne sont plus à prouver. Si vous y ajoutez du sel, vous obtiendrez un puissant outil de nettoyage énergétique. Le sel n'est pas seulement excellent pour une purification générale de votre corps physique, mais l'est également pour éliminer le parasitage psychique. Ce dernier correspond à toute énergie que vous auriez captée autour de vous et que vous n'avez pas libérée, et qui, par conséquent, produit un effet néfaste sur vous (des pensées négatives, un trop plein d'émotion, etc.). Pendant que vous préparez votre bain, ajoutez du sel (le sel d'Himalaya est un excellent choix, ou encore le sel d'Epsom), ou bien toute autre chose qui résonnera en vous sur le moment. Si vous travaillez sur un chakra en particulier, référez-vous à la partie qui lui est consacrée. Pendant que votre baignoire se remplit, posez l'intention d'être nettoyé·e et purifié·e lorsque vous en sortirez.

Vous n'avez pas de baignoire ? Ce n'est pas un problème. Vous pouvez quand même profiter du bienfait des huiles essentielles en appliquant quelques gouttes sur votre savon. Il vous suffira ensuite de poser l'intention que chaque goutte d'eau qui sort de votre pommeau de douche vous nettoie et purifie.

6. Nettoyez votre espace de vie

Le nettoyage de votre espace de vie est une belle façon, non seulement d'éliminer les énergies inutiles de votre maison, mais également d'apporter des énergies harmonieuses qui renforceront la puissance de vos protections énergétiques. Vous pouvez nettoyer votre maison avec le pouvoir de votre intention en prononçant la phrase suivante dans votre tête ou à haute voix : « Je purifie mon espace de vie pour n'y laisser entrer que la lumière. ». Vous pouvez aussi faire brûler de la sauge, du Palo Santo, du Papier d'Arménie, une bougie ou de l'encens. Préférez toujours ce dernier d'origine biologique pour ne pas altérer votre santé. Les odeurs ont un puissant effet sur notre psyché, alors suivez votre intuition pour savoir quelle senteur vous convient le plus. Il est également possible de purifier un lieu avec certaines pierres, notamment le cristal de roche ou le druze de cristal de roche. Un nettoyage énergétique est toujours bénéfique, mais un nettoyage physique de votre espace de vie est également indispensable. Jetez, triez, lavez… faites de ce lieu extérieur le reflet de votre intérieur : un endroit calme, harmonieux et apaisant.

7. L'ancrage physique

Enfin, il est toujours utile de souligner que l'ancrage physique dans la matière est également un très bon moyen de protection énergétique. L'ancrage est notre capacité à habiter notre corps – et ce monde – en pleine conscience. Être ancré·e signifie aussi ressentir plus fortement la douleur (psychique ou physique) et ne plus être dans une léthargie émotionnelle dans laquelle souvent nous aimons nous enrouler confortablement. Une fois que l'on est ancré·e, les pieds sur terre, il nous est possible de voir plus clairement les choses et de revenir dans le monde réel. Sinon, nous perdons tout contact avec la réalité (en oubliant les rendez-vous, de se nourrir, en rencontrant des problèmes de concentration, etc.). La méditation est une technique d'ancrage approuvée, tout comme la nourriture qui aura cette facilité de nous faire sentir plus « lourds » rapidement, et de mieux ressentir notre corps physique.

Purifier ses chakras

Voici quelques brefs conseils pour purifier vos 7 chakras.

La purification du chakra racine

Utilisez la nourriture comme outil de purification. Mangez léger, avec des ingrédients de qualité riches en fibres. Sachez également manger quand vous en ressentez intimement le besoin, et non par besoin émotionnel. Parfois, changer de régime alimentaire peut être bénéfique pour vous libérer de certains comportements négatifs que vous avez hérités de votre famille.

La purification du chakra sacré

L'élément « eau » sera votre allié de prédilection pour la purification de ce chakra.

Essayez de nager, d'aller près de la mer, au sauna, au hammam et tentez l'hydrothérapie. Le mot d'ordre est : « lavez-vous ».

La purification du plexus solaire

Pour le plexus solaire qui représente notre énergie vitale, il est important de bouger, de s'activer. Pratiquez du sport, marchez, dansez… bref, dépensez-vous et dépassez-vous. Si nous ne laissons pas circuler l'énergie vitale en bougeant notre corps physique, elle stagne et crée des blocages énergétiques qui peuvent conduire à la longue à une mauvaise estime de nous-même.

La purification du chakra cœur

Le chakra cœur qui se trouve au milieu de nos deux poumons nous recommande de travailler sur notre souffle et notre respiration. Nous savons instinctivement comment respirer, mais nous ignorons qu'il existe une infinité de techniques pour contrôler le souffle. C'est par la respiration que nous insufflons de l'oxygène dans nos poumons et dans notre sang, lequel qui va irriguer notre cerveau ; deux raisons importantes d'apprendre à maîtriser ce mouvement anodin mais néanmoins vital.

La purification du chakra gorge

Comme le langage est la manifestation première du chakra gorge, il est important de prêter attention aux mots que l'on emploie. Utilisez un langage simple, pur et essayez de garder vos critiques pour vous. Dites toujours la vérité, ou en tout cas, soyez dans une démarche d'authenticité envers vous-même et les autres. N'hésitez pas à également exprimer votre gratitude à l'oral.

La purification du troisième œil

Pour purifier votre troisième œil, lisez des choses qui nourrissent votre esprit. Lisez de la poésie, des citations sur le bien-être. Purifiez votre mental en le remplissant de joie, d'optimisme et de pensées positives. Évitez de regarder les informations à la télévision (ou toute autre source de stress pour vous) si vous sentez que cela se répercute sur votre équilibre mental.

La purification du chakra coronal

Purifier le chakra coronal est assez simple en soi. Il requiert du soleil (de la vitamine D, tout au moins), une pratique méditative quotidienne et une connexion constante avec ce que vous considérez être le « Divin ». En ce qui concerne la méditation, vous n'avez pas forcément besoin de vous astreindre à une heure de méditation silencieuse par jour. C'est plutôt un exercice quotidien au cours duquel vous viderez vos pensées, ne serait-ce que 10 minutes, même en nettoyant la vaisselle.

LES AUTRES CHAKRAS

L'idée d'un système à 12 chakras est considérée comme relativement nouvelle. Les connaissances sur les 12 chakras viennent principalement de perspectives modernes présentées par les guérisseurs contemporains et les travailleurs énergétiques.

Les 5 chakras supplémentaires se trouveraient à l'extérieur du corps humain, en plus des 7 chakras d'origine situés de la base de la colonne vertébrale au sommet de la tête.

8ᵉ chakra – Situé légèrement au-dessus du chakra coronal. Par le 8ᵉ chakra, nous entrons dans des royaumes transcendant l'espace et le temps. On dit que ce centre énergétique ouvre l'accès à des univers et des vies parallèles ; il donne accès au royaume des annales akashiques. C'est un centre utile pour la guérison et la communication avec les guides spirituels.

9ᵉ chakra – Situé plus au-dessus du chakra coronal, le 9ᵉ chakra s'apparente au « siège de l'âme ». Il permet d'accéder au code de notre âme et de notre mission de vie. Il peut être considéré comme la porte vers des énergies ou des modèles archétypaux qui jouent un rôle important dans la formation de notre destin.

10e chakra – Situé à environ quelques centimètres du chakra racine, en dehors de notre corps physique. Il assure notre connexion avec la terre. Parce qu'il fonctionne principalement avec les énergies de celle-ci, il est de nature physique. Il participe au bien-être de notre corps et nous relie aux énergies de la terre et de notre environnement. Tout comme le chakra racine, il est utile pour guérir tout problème lié aux os et à la moelle osseuse. Il peut également être bénéfique dans tout problème héréditaire ou lié à l'ADN.

11e chakra – Situé à l'extérieur du corps humain, on dit qu'il est accessible par les mains et les pieds. Il constitue un champ d'énergie qui relie la sphère d'influence humaine au surnaturel. Les magnétiseurs peuvent utiliser la dimension de ce chakra pour guérir et influencer le corps physique. Le 11e chakra met l'accent sur l'esprit comme un outil puissant pour transformer la matière.

12e chakra – Situé à la périphérie du système des 12 chakras, il nous permet de nous étendre au-delà de notre sphère commune de compréhension pour atteindre l'unité universelle avec le Tout. On dit que c'est le chakra de la maîtrise du but de l'âme à travers notre existence humaine.

LA KUNDALINI

Le terme « *Kundalini* » en sanskrit identifie « l'apparition d'une énergie et d'une conscience » qui a été enroulée à la base de la colonne vertébrale à notre naissance, et qui est la source de la force de vie (énergie pranique, *chi*, bioénergie). La science yogique suggère que cette énergie ait déclenché la formation de l'enfant dans l'utérus, puis s'enroule 3 fois et demie à la base de la colonne vertébrale pour maintenir le champ d'énergie en stase jusqu'à ce que nous mourions, quand elle se déroule et revient à sa source.

La *Kundalini* peut se défaire et surgir de la base de la colonne vertébrale (ou parfois des pieds) en raison de pratiques spirituelles, ou en réponse à des événements de la vie. Lorsque cela se produit, elle peut se déplacer progressivement, se déroulant comme un serpent, ou rapidement et de manière explosive, dans l'intestin, le cœur ou la tête. Cet événement peut être surprenant et déclenche généralement, pendant un long moment, de nouvelles sensations et des changements chez la personne qui éveille la *Kundalini*. Elle est comprise dans la tradition orientale comme un complément significatif à la réalisation spirituelle, mais elle est rarement reconnue comme telle dans les cultures occidentales. Lorsque l'on vit un réveil de la *Kundalini*, nous pouvons utiliser la force de notre énergie vitale pour nous guider vers la véritable essence de notre être. La beauté de cette expérience réside dans le fait d'être capable de ressentir son énergie quand elle passe à travers chacun de nos chakras. Chaque passage de la *Kundalini* dans nos chakras laisse place à une sensation profonde de compréhension de soi-même, du monde et ses mystères. L'une des façons les plus connues pour arriver à cet éveil est la pratique du *Tantra*.

LE TANTRA

Dans la religion hindouiste, le mot *tantra* signifie « règle » ou « traité » en sanskrit et désigne un ensemble de textes sacrés dont le but est d'atteindre l'éveil spirituel à travers les principes féminins et masculins. Le *Tantra* tel qu'il est perçu en Occident est très différent de la manière originelle dont il était pratiqué en Inde. C'est essentiellement une tradition dans laquelle l'éveil spirituel est poursuivi par l'incarnation physique (contrairement à la « désincarnation » à travers la pratique de la méditation). L'union est recherchée par la relation à l'autre et l'intimité. En Occident, le *Tantra* est principalement connu pour son emphase sur l'utilisation de l'union sexuelle comme l'un des véhicules de l'éveil spirituel contribuant à l'illumination. C'est ce que l'on appelle le *neotantra,* une pratique qui sert à guérir de traumas sexuels et découvrir un état de béatitude orgasmique.

En réalité, dans les textes du *Tantra* dit « *classique* », seule une petite partie traite du sexe, ce sont uniquement 3 *véda* (préceptes) sur les 108 du *Tantra*. L'existence des textes tantriques remonte à 1500 av. J.-C. au minimum, et ne furent pas retranscrits avant le 8e siècle avant J.-C. Plusieurs façons permettent de parvenir à l'illumination grâce à la pratique du *Tantra*. Généralement, cela implique une étude approfondie des textes sacrés du *Tantra* ainsi qu'un dévouement tout particulier à plusieurs pratiques :

- Rituels de méditation en utilisant des mantras ;
- Des *mudras* ;
- Des techniques de respiration spécifiques ;
- Des visualisations ;
- Un travail sur les 7 chakras ;
- Le yoga tantrique ;
- Le culte de certaines déités.

Le travail avec l'énergie sexuelle (pouvant servir à réveiller la *Kundalini*) n'est pratiqué que par des étudiants au niveau d'éveil spirituel avancé.

CONCLUSION

C'est ainsi que le voyage dans le monde merveilleux des chakras s'achève. Du chakra racine au chakra coronal, c'est l'expérience de toute une vie que vous accomplissez, avec ses joies et ses peines. Gardez bien à l'esprit que vous êtes un être d'expérience et que les obstacles, les événements que vous vivez et qui vous semblent négatifs sur le moment ont toujours la faculté de vous apprendre de belles leçons. Vous avez toujours la possibilité de changer les choses, de travailler sur vos blessures pour devenir la meilleure version de vous-même. Les chakras sont comme une boussole, ils nous aident à naviguer sur les mers parfois agitées de la vie, nous révèlent nos forces et nos faiblesses, et surtout nous apportent des solutions à nos problèmes. Ce qui est fascinant avec les sciences et médecines traditionnelles, c'est que ces savoirs ancestraux se sont transmis de génération en génération, et sont toujours autant d'actualité. Les grands sages du passé savaient intuitivement comment se réguler grâce à une écoute attentive de leur être, qui les a amenés à la connaissance de Soi. Et c'est la leçon qui nous est inculquée, en toute humilité : *la vérité réside uniquement en nous-mêmes*. Nous possédons à l'intérieur de nous les clés de la réussite pour vivre cette vie de la façon la plus épanouissante possible.

Pour en savoir plus, rendez-vous sur mon site : www.amimetobion.com

Ou bien suivez-moi sur Instagram : @amimetobion

Bibliographie

Caroline BENEZET, *Kundalini & me : Sur le chemin de la transformation avec le yoga*, Marabout, 2020.

Lydia BOSSON, *Aromathérapie énergétique - Guérir avec l'âme des plantes*, Amyris, 2011.

Ariane CALVO, *Sagesse des chakras au féminin*, Éditions Leduc, 2019.

Cyndi DALE, *La Bible de la guérison par les chakras*, Éditions Médicis, 2016.

Cyndi DALE, *Le Manuel pratique du corps subtil : Guide complet de guérison énergétique*, Macro Édition, 2016.

Janine FONTAINE, *La Médecine du corps énergétique : une révolution thérapeutique*, Éditions J'ai Lu, 2008.

Jennie HARDING, *Le Petit Guide complet des chakras*, Éditions Médicis, 2019.

Dr Shakti MARI MALAN, *L'Éveil de la femme à la sexualité tantrique*, Courrier du Livre, 2017.

Swami SARADANANDA, *Le Guide essentiel des Chakras : Découvrez le pouvoir des chakras sur le mental, le corps et l'esprit*, Éditions Trédaniel, 2012.

Ambika WAUTERS, *Le Livre des Chakras*, Éditions Larousse, 2015.

Jill WILLARD, *Intuitive Being: Connect with Spirit, Find Your Center, and Choose an Intentional Life*, Harper One, 2016.

REMERCIEMENTS

Je voudrais tout d'abord remercier les éditions First pour m'avoir permis de réaliser mon rêve : celui d'écrire un livre. Je n'aurais jamais cru que c'était possible, et pourtant je l'ai fait !

Un grand merci à mes deux sœurs de cœur en France – Laureen @laureen.works et Sandra @ladoucepythie sur Instagram, sans qui la vie serait bien triste. Je ne trouve même pas les mots pour dire combien elles m'ont apporté depuis que l'on se connaît.

Merci à ma tante de m'avoir aidée et supportée dans les moments les plus difficiles de ma vie.

Merci à toutes les amies qui ont été là pour moi depuis le début, elles se reconnaîtront.

Merci à Marie et Olivia, mes meilleures amies à Londres, qui ont su être là pour moi, et qui ont eu la lourde tâche de devoir relire le manuscrit !

Merci à Chacha @chamethyste et Nadège @sailor_owl, deux rencontres formidables sur Instagram et deux femmes que je suis heureuse d'appeler « mes amies ».

Merci à Anna et Kasia, deux colocataires en or, qui ont su rendre ma vie beaucoup plus simple à un tournant compliqué de ma vie.

Merci à Angel Armogida, Maître Reiki, sans qui toute cette aventure avec les chakras – et mon réveil spirituel – n'aurait pas eu lieu.

Merci à ma mère.

Et merci, merci, merci la vie ! C'est le plus cadeau que l'on puisse recevoir sur Terre : être en vie.

Doreen Virtue

Das Engel-Heilsteine-Orakel

Das Anleitungsbuch

Illustrationen von
Marius Michael-George

IRISIANA

Die amerikanische Originalausgabe erschien 2017 unter dem Titel »Crystal Angels Oracle Cards«.

FSC www.fsc.org
MIX
Papier aus verantwortungsvollen Quellen
FSC® C017997

Verlagsgruppe Random House FSC® N001967

Originally published in 2017 by Hay House Inc. USA

1. Auflage

Projektleitung: Sven Beier
Umschlaggestaltung: Geviert, Grafik & Typografie
Umschlagmotiv: Marius Michael-George

Druck und Bindung: Anpak

Printed in China

ISBN: 978-3-424-15341-5